佛陀一生的启示

INSPIRATIONS OF ŚĀKYAMUNI'S LIFE

莲龙居士

ISBN: 978-1-4669-9054-8 (sc)
ISBN: 978-1-4669-9056-2 (hc)
ISBN: 978-1-4669-9055-5 (e)

Library of Congress Control Number: 2013907116

Trafford rev. 04/18/2013

 www.trafford.com

North America & international
toll-free: 1 888 232 4444 (USA & Canada)
phone: 250 383 6864 ♦ fax: 812 355 4082

目 录

绪 言

两千五百多年前，在古代印度的北方，有一个国家叫迦毗罗卫国。迦毗罗卫国在喜马拉雅山的南麓，国王是释迦族的净饭王，王后是摩耶夫人。摩耶夫人怀孕十月，依照印度当时的风俗，要回到娘家生产，途中到达了美丽的蓝毗尼皇家花园。在蓝毗尼园，摩耶夫人生下了尊贵的太子。摩耶夫人带着太子，命令驾返迦毗罗卫城。太子诞生后第五天，举行命名典礼，为太子取名"悉达多"，是"富贵吉祥"的意思。太子自小很聪慧，净饭王聘请各种名师教育太子，希望太子长大后，能继承王位，统治国家。

太子很仁慈，年轻时就开始思考人生的问题，常常对很多事情感到困惑。净饭王为了让太子快乐，命令工匠们建造了三座不同的宫殿，每座宫殿都有美丽的花园，还让人挑选了很多美丽的宫女，让太子居住在里面享乐。但是，这些物质上的享受，并没有让太子快乐起来。

一天，经过净饭王的批准，太子到城外游玩。在街上，太子看见一位瘦弱可怜的老人，非常惊讶。随从告诉他：人活在世上，都会慢慢变老的。太子有点伤感，命令车驾回宫。又一次，太子又到城外游玩，在街上看见一个痛苦呻吟的病人，生起了同情心。随从告诉他：人都会生病的，病死了就被人抬去火化掉。太子深感病死的恐怖，回到宫中终日闷闷不乐。一天，太子在皇家花园游玩时，见到一位出家人，从容不迫，态度安详，太子心里因此有了出家之意。

净饭王为了打消太子出家的念头，为太子选了三位妃子，还把宫墙加高了，吩咐随从严加看守，防止太子再到城外去。这一切都没有让太子回心转意。一年后，妃子耶输陀罗生了王子，宫里举行了隆重的庆祝典礼，但仍是没有改变太子出家的决心。

一天夜里，太子带领随从，偷偷地出了王城，走上了修行求道的道路。太子到处寻访明师，修习禅定，还到苦行林修苦行，直到瘦得皮包骨头，也没有找到解脱的方法。最后，太子在菩提树下坐定，发誓"不成正觉，终不从此座起来"。

一天夜里，太子从甚深禅定中起，见满天繁星，心中一亮，感叹道："怪哉！一切众生本具如来智慧德相，但以妄想执着不能证得。"太子豁然大悟，证得无上正等正觉，成为大觉之佛陀，号释迦牟尼佛。

大慈大悲的释迦牟尼佛，决定说法度生，向人们解说自己解脱生死烦恼、证悟大觉的方法。很多人听了佛陀的说法，就跟随了佛陀出家，于是形成规模庞大的僧团。佛陀说法度生四十九年后入般涅槃，世寿八十岁。

佛陀示现于世，八相成道，所为何事？佛经言："佛陀为一大事因缘，出现于世，所谓开示悟入佛之知见。"具体是指什么大事呢？生死大事也。何谓佛之知见呢？就是"一切众生本具如来智慧德相，但以妄想、分别、执着而不证得。"为此，佛陀说圆说偏，说顿说渐，虽示现生死，但又不受生死，都是为了向我们揭示宇宙人生之真相，为我们揭示人人本具的智慧觉性，从而使人人觉醒，看破放下，解脱轮回，离苦得乐。

佛陀灭度后，佛教在印度兴起，并向周边国家传播，其中从东北方向中国等地传播的叫北传佛教。春秋战国时代，孔子已经听说西方有圣人称为佛陀。古书记载："商太宰嚭问孔子：夫子圣人欤？对曰：丘也博识强记非圣人也。又问：三王圣人欤？对曰：三王善用智勇，圣非丘所知。又问：五帝圣人欤？对曰：五帝善用仁义，圣非丘所知。又问：三皇圣人欤？对曰：三皇善用时，圣非丘所知。太宰大骇曰：然则孰为圣人乎？夫子动容有间曰：丘闻西方有圣者焉，不治而不乱，不言而自信，不化而自行，荡荡乎人无能名焉。"相传战国末年，佛教就传入中国，秦始皇时有外国僧人来华，汉武帝知道有佛教，汉成帝曾发现佛经。根据历史记载，佛教传入中国的确切年代是公元67年，就是东汉初年、明帝刘庄的时候。在《佛说四十二章经》的序文里，有一段话记载：汉明帝夜梦神人，身光金色；第二天就问群臣"我昨夜梦见的是什么神？"有位叫傅毅的臣子说："听说天竺有得道之人，叫做佛，神通广大，大概就是那个神吧。"于是，汉明帝就派遣使者张骞到大月支国，取得佛经四十二章，流布华夏，一时风行。

两千多年来，佛教植根中国土壤，开花结果，发扬光大，与儒道融为一体，如日月星辰，三光丽天，利益众生，共同缔造了中华民族源远流长的传统文化。佛教最兴盛的时候是南北朝和中唐晚唐时期。南北朝佛教的繁荣为隋唐时代各个宗派的创立做了充分的准备。佛教本身称宗教是"宗门、教下"的意思。宗门专指禅宗，教下有九个宗派，分别是成实宗、俱舍宗、三论宗、天台宗、法相唯识宗、华严宗、律宗、净土宗和密宗。在中国，正信的佛教从来就不是迷信事。唐朝是中华民族气吞山河的时代。从唐太宗到武则天，个个皇帝都深悟佛理；佛门的朵朵莲花，玄奘、窥基、法藏、善导、慧能、神秀、松赞干布等佛门大师，大转法轮，名扬天下。青莲居士李白、维摩居士王维、香山居士白居易等，都一一皈依佛门，都是从佛经里吸取养分，才歌咏出一首首千古绝唱来。

然而，中国佛教也经历了"三武一宗"的法难浩劫。两晋南北朝时期，佛教在中国十分兴盛，从皇帝到平民都修学佛法，全国各地建设了数以万计的佛寺，有几十万出家人。北魏太武帝时期，皇帝听从道士的蛊惑，排斥佛教，诛杀僧人，焚毁经像，进行了中国历史上第一次灭佛行动。六年后，太武帝驾崩，文成帝即位，下诏复兴佛教，佛教才又逐渐恢复发展。

一百年后的北周武帝时期，儒佛道三家又起纷争，皇帝下诏断佛、道两教，毁佛经像。结果全国四万多处寺院被毁，三百万僧尼被逼还俗。这次灭佛行动时间长，涉及面广，对佛教的打击很大。

佛教最兴盛的时候是唐朝时期。唐太宗迎接玄奘法师回国，国人重新兴起对佛教的崇拜。晚唐，宪宗皇帝敕迎佛骨舍利于法门寺，先在宫中供养三天，从而兴起了全国性的宗教狂热。僧尼地位提高，并享受特权。寺院经济发展，天下财宝多归于佛门，乃引起儒道各方的不满。唐武宗偏信道教，便开始了对佛教的整顿。这次灭佛，全国拆毁寺院四千多所，僧尼还俗尽三十万人，给佛教以沉重的打击。

经过"三武灭佛"，还有五代十国时期后周世宗对佛教的再一次打击整顿，中国佛教兴盛蓬勃的景象没有了。这"三武一宗"，加起来大约有一百年的时间，相对于佛教在中国两千年的发展，还是比较短暂的。辽宋之后一千多年，儒佛道三教之争，趋于缓和，基本上能和平共处，继续共同缔造着中华文化的文明历史。长久以来，佛陀之大慈大悲深入人心，中国老百姓几乎"户户观世音、处处弥陀佛"，说起弥陀如来，个个耳熟能详。

据说慈禧太后垂帘听政时，太监李莲英为了取悦她，在万寿寺大雄宝殿后面建了一尊佛。建成后，李莲英禀告慈禧说万寿寺有双佛显光，请她前往观看。慈禧太后到后，只见一观世音像坐在殿中央。这时，李莲英喊道："老佛爷到。"其他人都跪伏高呼："恭迎老佛爷！"慈禧故作不解问道："你们迎接的是哪位老佛爷呀？"李莲英答道："就是迎接太后您老佛爷呀！您就是当今救苦救难的观世音菩萨啊！"一席话说得慈禧心花怒放。自此，老佛爷这个称呼便传遍京城，举国上下，都称慈禧为"老佛爷"。慈禧太后虽然自称"老佛爷"，但是她并不崇佛，而且还取消了在皇宫中讲诵《无量寿经》的惯例。深受内忧外患的慈禧太后被迫开始放弃中国传统文化，接受西方的现代思想改良，眼睁睁看着大清国一步一步走向灭亡。

接着，"五四运动"打着"爱国、进步、民主、科学"旗号，推行新文化运动，提出反对封建迷信、打倒孔家店、推倒贞节牌坊等口号，格杀中华传统道德思想文化，把中华民族赖以生存之根本也拔起了。再来一个文化大革命破四旧，红卫兵竞相冲击寺院古迹、孔庙孔林、捣毁神佛塑像、焚烧藏书字画，更给中国传统文化以毁灭性的打击，对中华民族宗教信仰和精神面貌的摧残，其罪恶更是馨竹难书。

或许有人会感叹，或许有人会质疑，或许有人会审问，历史为什么会演绎到这一步？我们的先人为什么如此愚蠢？政府为什么会容忍这样的事件发生？其实，我们无需感叹，无需质疑，也无需审问。孔子说："逝者如斯。天何言哉，四时行焉，百物生焉。"天感叹了吗？天质疑了吗？天审问了吗？历史是很自然走到这一步的；我们比先人更加愚蠢；世界各国的政府只会越来越堕落。历史会有结束的一天；我们人会有灭绝的一天；政府也会有消失的一天。佛经说，佛的法运有一万年，现在是末法时期，佛灭度两千五百年后，斗争坚固，人类你争我斗，人人怒目，一天比一天堕落。释迦牟尼佛诞生在中国周昭王时代，无独有偶，相传周朝的姜太公写过一篇《乾坤万年歌》，预言了中国从周朝开始一万年的历史命运，把过去的两千年历史说得几乎是分毫不差。正如《乾坤万年歌》结尾所说："子子孙孙三十世，我今只算万年终。剥复循环理无穷，知音君子详此数。今古存亡一贯通。"其实，无论世人如何奔忙，无论朝代政府如何更迭，天下大势，古今存亡之数早在定中，这就是宇宙人生之真相，这是不以人类的意志而转移的。

如此说来，这不是跟佛教所说"一切唯心造"的观点相矛盾吗？非也。这正是人类自作聪明，自作自受，因果报应的结果。佛经言："心生则种种法生，法生则种种心生。"在佛教中，"唯心"有两个重要的含义：第一是说世界上万事万物，包括日月星辰、山河大地、有形物体，以及人类的各种思想文化、法律制度等，都是由我们的真心所创造的，都是虚幻不实的。就连我们平常所说的第六意识这个心，也都是空花水月，没有实体。所以佛教中说："心不自心，因色故心，色不自色，因心故色。"色就是万事万物包括思想。"心不自心，因色故心"就是前面说的"法生故种种心生"，它说明了心的来处。因为有事事物物才有这个心，假如没有客观物质的反映，就没有这个心。但是，反过来，这个事事物物又是从什么地方来的呢？它不是从天上掉下来的。因为我们的心能够研究物质发展的客观规律，利用这个客观规律我们就可以进行发明创造，就能创造出种种事事物物，"心生则种种法生"，所以说"色不自色，因心故色"。这个色就是心所创造发明的。因此说，心来源于色，色又是心创造的。这里的心与色都不是真有实体，都是虚幻不实的，叫妄心、妄色。而创造它们的就是真如佛性，即是真心。这就是佛教中"唯心"的第一个含义。而佛教中"唯心"的第二个含义就是说，这些妄心、妄色正是我们真心所显现的。真心就是我们的真如佛性，它是创造万物的万能体。真心无形无相，就像电，是个大能量。世间的一切事事物物，各种各样的心念，都是由它产生的。所以说，三界唯心，万法唯识，应知法界性，一切唯心造，是这样的意思。佛教徒修行的目的，就是要明心见性，找到自己的真心，回复我们的本来面目，进而打扫习气，除掉微细惑，使光明智慧大发，法身报身化身圆满，生死自在，佛道成矣。

　　这样的道理，本来并不复杂，现在研究佛经的也很少人懂得了。时至今日，佛教整体上已经变成一种宗教迷信。放眼当今佛门，法事、占卦、符咒、看相、算命等，贼人假佛衣服，裨贩如来，造种种业，皆言佛法。所谓信佛之人，烧香拜佛，只为名利财富，消灾避难。末法众生，去佛渐远，邪师说法，如恒河沙。更有邪教，假借佛法，招摇撞骗，谋财害命。比较好的，或把佛法当作哲学研究，或作有为布施、积德种福，一样是为名为利，不求解脱。真心切愿实修，为出生死，为脱轮回，志在圣贤者，寥寥无几。可叹可悲！一天，释迦牟尼佛在舍卫国祇树给孤独园说法。佛言："将来之世，当有比丘，不护禁戒，不能守心，不修智慧，放逸其意，唯求善名，不顺道教，不肯勤慕度世之业，令法毁灭。"三千年前，释迦牟尼佛就预见我们今天的样子，并在佛经里明明白白地告诉了我们；而我们人类，就像孙猴子一个样，跟斗怎么翻也翻不出如来佛的手掌心。

佛教讲无常，是因为洞悉宇宙万物乃至有情生命不断经过成、住、坏、空四劫，无时无刻都在变异之中，生灭循环不已。住劫为器世间与众生世间安稳持续的时期。此一时期，每一小劫中含括增劫和减劫；人寿由八万四千岁，每经百年减少一岁，渐次递减至人寿十岁，称为减劫；人寿由十岁，每百年增加一岁，渐次递增至人寿八万四千岁，称为增劫，合一增劫减劫约当一千六百万年。二十小劫为一中劫，四个中劫，就是一次成住坏空的轮回，称为一大劫。人类在劫难时候，水灾、火灾、风灾、刀兵、饥馑、瘟疫相继并起，世界毁坏，有情界先灭，世界陷入长期的虚空中。

我们人类现在生活在减劫，每过百年，人寿减少一岁。一万年后，人寿只有十岁。佛言："彼十岁时，所有众生不孝父母，众生相见，各生毒害杀戮之心。当于彼时，一切人民严身之具，皆是刀仗。中劫将末，七日之内，一切人民，手所当触，若草若木，土瑰瓦石，悉成刀仗。七日之间，相杀略尽，因此命终，并堕恶趣。"人类灭尽，世界重来，增劫开始，直到弥勒佛降临，佛法才重回人间。释迦牟尼佛说："吾法灭时，亦如灯灭。自此之后难可数说，如是之后数千万年，弥勒当下世间作佛，天下太平，毒气消除，雨润和适，五谷滋茂，树木长大，人长八丈，皆寿八万四千岁，众生得度不可称计。"

往往在人类社会和科学技术发展到一个高峰时，人类突然灭亡，世界突然毁灭，这是人类不解之谜，却是宇宙人生轮回之真相。地球上曾经辉煌的埃及、希腊、巴比伦和中国四大文明古国，现存的只有中国。埃及的金字塔、巴比伦的空中花园、希腊的诺亚方舟等，成了人类探索多年的不解之谜。五千年前，拉丁美洲古代印第安人创造了灿烂的玛雅文明，其天文历法、火箭飞船等科学技术远超当今时代，但是一千多年前神秘消失。根据玛雅预言，我们所生存的地球，已经是在第五太阳纪，在每一纪结束时，都会上演一出惊心动魄的毁灭剧，而且地球在灭亡之前，一定会是先发出警告。

宇宙更替和人类历史的车轮，不可逆转。人类进入二十一世纪后，各种人为灾害和自然灾害频发，水灾、火灾、风灾、地震、海啸等一年比一年增多，一次比一次来势凶猛，破坏力更大。在灾害面前，人类及其所谓的先进科技显得是多么渺小，多么无助。尽管世界上各个政府都在努力应对自然生态的变化，以减缓灾难的来临，但是天下大势，如滔滔流水，一往直前，无可阻挡。三十多年前，联合国首先提出"可持续发展"的概念，随后很多国家都把"可持续发展战略"纳入其经济和社会发展的长远规划。世界上这些顶级专家和学者所谓有为政治的思想和见解，是多么的愚蠢和可笑。

我们明白这些道理，或者通过修行佛法，通达宇宙人生之真相，对我们有什么好处呢？好处大大的有！一切有为法，皆梦幻泡影，如露又如电。凡所有相，皆是虚妄，一切会变的东西都是假的。我们明白，世间万事万物，包括财富地位，思想感情，都是空的，都如空中花、水中月，不可得，不可求，不可执取。因此看破放下，从而舍弃对世间名誉货利的追求，进而行道修法，解脱生死，超出轮回，离世间苦，得究竟乐，岂不快哉！

不管编撰儒家正史的史学家和政治家如何看待武则天，这位中国历史上唯一的女皇帝，为中华民族文化发展做出了不可磨灭的贡献。武则天从小跟随母亲杨氏信奉佛教，唐太宗毙后一度到感业寺削发为尼，登基后一贯崇佛教、建寺院、筑明堂，是佛门的大护法，功在千秋。佛经中最辉煌的八十卷《华严经》就是在武则天的指导下翻译完成的。当时，武则天听说于阗（新疆和田）有完备的《华严经》梵本，即遣使访求并聘请译人，高僧实叉难陀便以此因缘，带着《华严经》梵本来华。武则天安排他住在内廷大遍空寺主持译经工作，武则天很重视此次译事，亲自莅临译场开卷。待经本全部翻译完毕后，武则天亲笔写下贺辞言："无上甚深微妙法，百千万劫难遭遇；我今见闻得受持，愿解如来真实义"。这就是后来在每一部佛经前面的《开经偈》，虽然传诵了一千多年，但又有几个人能真正解得真实义？

人身难得，佛法难闻。为什么说人身难得？佛陀曾经作出比喻："譬彼大海中，一龟任浮沉；有木随浪飘，木中有一孔；人身甚难得，如彼龟入孔。"就像一只千年海龟，在浮沉之中突然遇到浮木，而从木中孔洞伸出头来一般巧遇。为什么只有得人身才能修法成就呢？佛言："地狱及饿鬼，畜生与蛮族，邪见与痴呆，生彼长寿天，不值佛降世，是为八无暇。"其他三恶道的众生以及天人等，纵然寿命很长，或因愚钝，或因享乐，就失去了闻法修行的机会了。

佛经又言："夫人离三恶道得为人难，既得为人去女即男难，既得为男六情完具难，六情已具生中国难，既处中国值佛奉道难。"佛经中之中国，是中国，非中国，非不中国。其实两千年前，中国刚刚统一之时，是称大秦。而老子孔子两位圣人诞生时，华夏民族乃是周朝。而佛经说，五天竺为南阎浮提之正中。《汉书》以身毒为中国，乃九州之外另有中国也。按明清版图看来，喜马拉雅山南北麓均属中国。因此，我们不要有狭隘之见。佛无戏言。现在，佛教在印度早已灰飞烟灭了。大乘佛法的传承，只有寄希望于中国了；能闻法修行，获得真成就的，也只能在中国了，这是我们中华民族何等之福报！

10

人之大患，在于有身。若无有身，则无须养身，也无需劳苦修法也。我辈学人之大患，在好为人师。实在惭愧！人人本具如来智慧德相，又何须末学在此胡说八道呢。末学不学无术，盲人摸象，无病呻吟，所悟所行远未彻底，读者不必为末学的话语而自塞悟门。末学只是抛砖引玉，唠唠叨叨，说了又说，只不过"频呼小玉原无事，只为刘郎认得声"罢了。如果读者早已认得刘郎声，是条光明汉子，那是末学浅薄饶舌了。

万法因缘生。我们今天能闻法修法，就是读者能读到末学的文字，不是一佛二佛三佛四佛所种善根，而是千佛万佛所种善根。释迦牟尼佛示现的一生，八相成佛，末学不才，不敢另有发挥，仅就从这八个方面与读者们谈谈宇宙人生之真实义，虽然是人人本有，个个本具，但其中行法修道之内容，非真实修行、入佛知见者，不能明白也。佛不是万能者，佛不度无缘之人，佛不能为人消障转业，佛不能代人成佛，佛不度人人自度。佛陀大慈大悲，如果佛无所不能，他早就把我们都度到西方极乐世界了。还是那句话，人身难得佛难值。末学所能做的，只有遵循佛陀之教诲，自觉觉他，利益众生，如此而已。

第一章

第一相：下兜率 善慧菩萨功行圆满，位登一生补处，生兜率天，名曰圣善，为诸众生随宜说法。期运将至，当下作佛，即观五事：一者观诸众生熟与未熟，二者观时至与未至，三者观诸国土何国处中，四者观诸种族何族贵盛，五观过去因缘，谁最真正应为父母。观五事已，即自思维，今诸众生皆是我初发心以来所成熟者，堪受清净妙法。观此大千世界，阎浮提迦毗罗卫国，最为处中；观释迦种姓第一，甘蔗王之后净饭王夫妇真正堪为父母；观摩耶夫人怀抱太子，满足十月，生七日已，其母命终。作此观已，告诸天子，我应下生净饭王家，弃轮王位，出家学道，成一切种智，转大法轮，广利天人。菩萨又现五瑞，放大光明，天地震动。

　　人生在世，我们每个人都按照各自的因缘忙碌着。小孩子放学了，忙完老师和父母安排的功课，迫不及待地往电子游戏机室里跑，因为那里又有了最新的动画游戏。大人们完成工作，或者逛完街做完家务，为了一部又一部永远也追不完的电视连续剧，一样坐到电视机前，消磨剩下的宝贵时光。放眼大千世界，谁不是为名为利为色为欲，你争我夺，累念积虑，勤身营务？谁不是为了吃好穿好行好住好，劳心劳力，有一少一,思欲齐等?有几个人忙里偷闲,找个安静的地方坐下来,盘起腿,闭上眼,思一思,想一想,思维我如此劳碌奔波,究竟是为了什么?妻财子禄,升官发财,开靓车,住别墅,养小妞,游世界,难道这些就是人生真正的价值所在?

日复一日,年复一年,小孩子变成了大人们,小职员变成了大官员,黑头发变成了白头发,小媳妇变成了恶婆婆,小轮车变成了大轮椅,游乐场变成了火葬场。呜呼哀哉!长江后浪推前浪,自古新人换旧人。就像《红楼梦》的故事,忽喇喇大厦倾,昏惨惨灯将尽,生前心已碎,死后性空灵,家富人宁,总有个家亡人散各奔腾。哎呀!一场欢喜忽悲辛,叹人世,终难定!

冥冥中,人人皆有定数,皆有命运。所谓人生酬业,不管为善造恶,我们辛辛苦苦来这个世上奔忙一场,都是来酬还旧业,谁也不能例外。愚痴之人,不知道原来命运是可以转变的,生死轮回是可以断掉的。于是乎,从梦中来,仍旧到梦中去,糊里糊涂的混过这一辈子。有人以为,《史记》《通鉴》,《四书五经》,就是人生指南。有人以为,焦点访谈,实话实说,科学与探索,就是事实真相。有人以为,高官厚禄,满腹经纶,金银满屋,儿孙满堂,健康长寿,就是没有白忙一场。谁不知,一样是从梦中来,到梦中去,不明究竟,不得解脱。

孔子感叹:"朝闻道,夕可死矣!"老子说:"有物混成,先天地生。寂兮寥兮,独立而不改,周行而不殆。可以为天下母。吾不知其名,字之曰道。"《楞严经》中,阿难问佛:"世尊,若复世间一切根、尘、阴、处、界等,皆如来藏,清净本然,云何忽生山河大地,诸有为相,次第迁流,终而复始?"这里说的"如来藏",就是道,它本然清净,以空寂为体。那为什么会生出世界的各种相,万事万物,生生息息,迁流不止?

起初，宇宙混沌，本然清净。本然清净中，有一如来藏性，本性觉明，因妄动而觉外有明，明外有觉，就是妄觉。由能觉和所觉对立而起摇动，互相扰乱，生起尘劳烦恼，起为世界，静为虚空。动则生风，风金相摩，火腾水降，地水火风四大互相资助，形成世界。

为什么说世界上的万事万物，一切东西，包括我们人，都是地水火风四大相资和合而成？地球是地水火风组成，地上的东西也是地水火风组成。比如树林，不但有水土，也有火风，我们钻木可以取火，树木能够吸水份，把水从地下吸到枝叶上去，这循环就是风。还有我们人体，皮肤骨骼就是地大，血汗唾沫就是水大，体温就是火大，身体的呼吸是风大，血液、消化这两个循环也都是风。

佛经讲地水火风和空五大种性，中国人传统讲金木水火土五行，五行顺则相生、逆则相克。四大与五行有相似的地方，五行中的金摄在四大的地大里面，四大中虽然没有木大，但是也说木是由水土互相资助而成。可见，中国古人的见解跟佛经所说是相似的。佛讲法的时候，总是在随顺众生的习惯，四大是古印度人对物质本源理解的产物，和我们中国人所说的五行是一样的道理，在佛降生以前就有了。

有人不通达其中道理，研究《易经》者，把探索真理变成看风水、算命；研究哲学者，把探索真理变成追求一顶博士帽子；研究宗教者，把探索真理变成自己迷信带人迷信；枉入佛门者，也把探索真理变成求神拜佛，解符占卦，追求名闻利养。都是从苦入苦，从冥入冥，谁能知道呢？唯佛知道。他们一样是生死不休，恶道不绝，如是世人，难可俱尽。还是上面所谓的长江后浪推起来，古来新人换旧人，一样的从梦中来，到梦中去，不得究竟，不能解脱。

天地刚刚形成时，大水弥漫，风在吹送。世界欲成时，光音天上，天人命尽，化生为人。人的身体会发光，会飞行，没有男女尊卑。地上有自然地味，如乳酪一样香甜。人用手试尝，遂生味着，渐渐需要用手抓食。身上的光明开始消失，也没有了会飞等神通变化。食地味太多的人，皮肤变得粗糙，脸色憔悴；食地味比较少的人，颜色保持光泽，这样人与人之间就有了分别心，胜者认为我比你长得好看，就有了人我是非。渐渐地，大地的甜香味消失了，人人都感到很懊恼。大地又生出地皮来，状如薄饼，色味香美，像蜜桃做的酒一样。人食地皮后，是非更多，互相轻慢取笑，地皮又消失了。大地又自然生出硬米来，没有谷糠，不用加调味品，就非常美味。人吃了硬米后，就生出了身形，情多者成为女人，情少者成为男人。女人多情，引诱男人；男女瞻视就生欲想，因此共行情欲共相娱乐。女人为男人送饭，遂成夫妻，各自为了遮蔽行欲，乃造屋舍。

后来有些懒人，私自藏粮，凡是他们其所居之处，硬米不生。众生大家懊恼悲泣，于是各自分配田宅疆畔，各自藏米。有盗他人田谷，无能决者，众人商议选出一个人来，叫做平等主，由他来赏善罚恶，维护大家的权益。于是就有了民主，初时名大人，作君长，后称王，以法取租，形成郡国。当时，地球所在的阎浮提，天下富乐，人民生活安定，地生青草如孔雀尾，有八万郡国，人民聚落鸡鸣相闻，天下无病，无大热大寒。王以法治国，奉行十善，哀念人民，如父母爱子，人民敬王如儿子尊敬父亲。人寿八万四千岁，后渐渐减至万岁，乃至千岁、百岁。人在百岁之前，没有佛陀出现。

如此这般，看来很像胡编乱造的故事，不像出门汽车，入门洋房，那样的来得真实；不像半路一杯浓咖啡，午休一顿麦当劳，那样的来得实在；更不像日日柴米油盐，天天牌九麻将，那样的来得亲切。管他呢！都是离我们十万八千里，一万八千年，一辈子摸不着边的事。真的那么没有关系吗？那是你我祖宗的故事。真的那么没有意义吗？那是你我过去、现在和未来的路。

根据中国历史记载，盘古开辟天地时，人寿命是一万八千岁。经过三皇五帝时期，人的寿命就减少到一千岁了。据说天皇氏一身十三头，兄弟十三人；地皇氏一身十一头，兄弟十一人；人皇氏一身九头，兄弟九人，分别治理九州。有巢氏未有宫室，冬天居住在洞穴里，夏天居住在橧巢上，食树上的果实和鸟兽的肉。燧人氏钻木取火，开始熟食。太昊伏羲氏，蛇身人首，观日月星辰、天地阴阳，始画八卦，造文书契约，制定婚嫁制度，教人织网捕鱼。他的妹妹女娲炼五色石以补天缺。炎帝神农氏，人身牛首，开始教天下人播种五谷，又尝百草制药为人治病，开始市井贸易，为祭祀制作乐器。黄帝有熊氏，生而神灵，弱而能言，幼而徇齐，长而端敏，成而聪明。

你一定会说，这些都是神话故事，谁知道是真是假？就算是真的，那又怎么样？我们无需知道。就算知道了，也不能增加我今天的快感；就算不知道，也不损我文明人的形象。请问谁是神呢？你就是神啊！你本来是神，神者，通达人生真理之人也。你本来是个明白人嘛！为什么现在越活越糊涂了？难道非要等到进火葬场前的那一刻，你再来想想这个问题？

夏商周时，现代文明开始。商汤时代有彭祖，是位很有贤德的大夫。他好述古事。寿命八百岁。周朝的先人后稷名弃，好农耕，尧帝把他推举为农师。舜帝时分封在邰，号后稷，别姓姬。殷商后期，纣王失道，西伯受命称王，号曰周。其子姬昌举兵灭纣，即天子位，号周武王，追西伯为文王。周武王之

17

后为成王，成王之后为康王，康王之后为昭王。周昭王时，释迦牟尼佛在天竺（古印度）诞生。

佛陀说，人人本具如来智慧德相，但一妄想分别执着而不能证得。人人本来都是一面闪闪发光的镜子，只要你肯把镜子上"妄想、分别、执着"这些尘埃打扫干净，你的智慧之光就会大发，你就能与老子孔子这些圣人比肩，为什么你非要自甘堕落？

释迦牟尼佛诞生的时候，是公元前566年。中国老子诞生时，是公元前575年，孔子诞生时是公元前551年。老子比孔子大25岁，比释迦牟尼大10岁。释迦牟尼是其母亲在无忧树下，由右胁生出来的。相传老子的母亲怀孕八十一年才生下老子，是在李树下从右胁生产的。孔子生而有发，身长九尺多，垂手过膝，有中和之德，衣庄而严，色温而厉，也是圣人的相貌。圣人们示现于世，都有他们相似的神迹，因为我们社会需要模范，我们人类需要偶像。因为如果我们不向释迦牟尼看齐，就可能向希特勒和秦始皇看齐；如果我们不向老子看齐，就可能向比尔盖茨和李嘉诚看齐；如果我们不向孔子看齐，就可能向那些歌星和球星看齐。因为人类都是自私自利，自作聪明，自以为是的，既然他们每天都要做的事情就是选择，就让他们根据各自的因缘选择去吧。

中国春秋战国时期，古印度正处于一个空前的变革时代。当时，印度并不是一个统一的国家，分为很多小国，发展也很不平衡。但农业手工业已经相当进步，铁器等大量采用，制陶业发达，商业繁荣。古印度人善于做生意，东到缅甸、西至波斯和阿拉伯、南达斯里兰卡，都有印度商人。只是跟北边的中国，还没有正常的贸易往来，可能是因为喜马拉雅山太高、海路也太远的缘故。当时印度社会，群雄争霸、百家争鸣，类似中国的春秋战国。古印度早就受到外族入侵，来自高加索和中亚一带的雅利安人，入侵后建立了强大的王朝，并发展了新的宗教文化——婆罗门教。印度社会被分为四个等级：婆罗门、刹帝利、吠舍、首陀罗。婆罗门是世袭僧侣，刹帝利是王侯武士，吠舍是农工商业者，首陀罗是被征服的奴隶，就是土著居民。

释迦牟尼佛之前身善慧菩萨也在根据自己的因缘在选择。他观察地球人类缘分到了，条件成熟了，在古印度和古中国这一块地方，众生缘熟，众生可度。他要在古印度立教，在古中国传教，因为古印度修行人多，古中国道德深厚，因为古印度人信心坚定，古中国人聪明睿智，都是有福堪度之人也。老子不是说过吗？天道无亲，常与善人。

释迦牟尼佛示现为人，下降到凡间，为什么选择天竺（古印度）这个地方呢？因为地球上海拔最高的地方就是喜马拉雅山，天人把地球最高的地方看作是中心，所以处在中心的国家自然就称为中国了。为什么是喜马拉雅山南麓的天竺，而不是北麓的新疆西藏呢？因为北麓都是雪山高原，不是最适合人类居住的，而南麓气候温和，有肥沃的土地，是当时经济发达的地方。这个迦毘罗卫国，五谷丰登，人民厚德，上下和睦，快乐无极。国王净饭王呢，性行仁慈，是贤德之人。摩耶夫人性情温良，身姿妙善，犹如玉女，身口意三业清净，守节坚如金刚，前五百世都是菩萨之母。释迦牟尼佛还是兜率天的菩萨时，他观察五种因缘，作出最佳的选择，所谓天时地利人和，因此，古印度净饭王统治的迦毘罗卫国就成了佛陀示现降生的地方。

"善慧菩萨功行圆满，位登一生补处。"释迦牟尼佛的前身是善慧菩萨。善慧是表法的意思，表示这位菩萨行善积德，功德非常圆满，才感得智慧光明的报身，非常庄严。菩萨是大道心人，翻译成中文是"觉有情"的意思。我们世间人，情见很深，有亲情、爱情、有情等等。佛经说，情不深，则不生娑婆。人太有情，好不好呢？不好。如果放不下世间之情，人是不可以往生西方极乐世界的。就像抱桩摇橹，把船的缆绳紧紧绑在岸上的木桩子上，船怎么能开得动呢？所以，菩萨就是要把我们这个情见觉破。这就叫做觉悟。自己觉悟后，还要帮助他人觉悟，所以叫自觉觉他，就是菩萨。一生补处菩萨是什么意思呢？就是这个菩萨功行圆满，可以成佛了，但是暂时不居佛位，只做个候补佛，先在兜率宫里候着，等待时机成熟的时候，众生有缘了，他才成佛。

　　释迦佛是菩萨身份从兜率宫内院下凡的，为什么呢？兜率天是二十八天中的第四重天，我们人上面，依次是四天王天、忉利天、夜摩天和兜率天。佛经里面有个故事。无着、天亲、师子觉三兄弟，都是法相宗的大德，都是求生弥勒净土的，弥勒净土在兜率天内院。他们三兄弟约定好，哪一个先往生到了那边去，回来报个信，就说平安到达弥勒内院了。三兄弟中，师子觉头一个往生。师子觉往生之后，一直就没消息，没回来报信。到第二位无着菩萨往生了，三年后才回来报信，告诉天亲他往生到弥勒内院，见到弥勒菩萨了。天亲菩萨就说："你怎么三年才回来告诉我？"无着说："没有啊，我在天上打个转，马上就回来了。"这就是兜率内院跟我们人间的时差不一样。兜率天的一天是我们人间四百年，所以他见了弥勒菩萨，立刻就回来报信，这个世间已经过了三年。他确确实实没有耽误。天亲菩萨又问："师子觉到哪里去了？怎么不来报信？"无着说："师子觉被天女迷住了。"兜率天有圣人住的内院，还有一般天人住的外院，他在外院被那些天女迷住了，没有到内院去，到那里享乐去了。师子觉禅定功夫不够，还是被天人美女迷惑了。

不通达宇宙人生真相的人，都是被迷惑的人。

第二章

第二相：托母胎 善慧菩萨乘六牙白象发兜率宫，于四月八日明星出现时，降神母胎。时摩耶夫人眠寤之际，见六牙白象腾空而来，从右胁入，夫人体安如服甘露，心大欢喜踊跃无量。觉后把瑞相告诉净饭王，之后日日修行六波罗蜜，天献饮食，不乐人间之味。时兜率天众眷属念言，菩萨已生净饭王宫，我等亦当下生人间，得先听法，不可计数。

　　一般人以为，一个男人和一个女人在适当的时候一起同房，精子和卵子一结合，就会怀孕。其实不是的。就像我们把电灯泡装好了，电线连接好了，插头插座一合上，灯泡却不会亮，为什么？因为没有电啊！男人女人同房，只是一个助因，主因是什么呢？主因是有一个"我"来投胎才行。这个我，有很多种叫法，比如灵魂、神识、中阴身等，不管叫什么，它却是有孕的主体，是电。这个主因的我，没有形相，看不见，摸不着，但确实存在，像电一样是个大能量，天眼通、天耳通等五通具足，本事大得很。千里万里看见有缘的父母，如果是男的，喜欢母亲，如果是女的，喜欢父亲，尽管相隔千山万水，一飘就飘进来，粘上父亲的精子，落到母亲的子宫里，这样才有孕了。

23

为什么善慧菩萨乘的是六牙白象，来投胎到摩耶夫人的腹中呢？这都是表法的意义。如果化身成一个小兔子来，又如何呢？小兔子啊，游水渡河的时候，连自己的身家性命还难以保全呢，如何度人？那为什么不化身一匹马来呢？马虽然勇猛，但还是不知道水之深浅。大象就不同了，庞大的身躯非常稳重，渡河时四脚压水，尽探源底，多么踏实！这个大象啊！就像菩萨，是来开我们的法眼的。我辈众生，迷失已久，现在想要渡河，早已失却桥船，就像一个孤儿，慈母早丧，无依无靠，漂流生死。菩萨是大医王，来给我看病，给我用药呢。所谓白象，就是明白宇宙人生之真相；所谓六牙，就是指六道轮回。六道是指地狱、饿鬼、畜生、人、修罗、天人这六道。讲到佛教，人们往往最难接受的是六道轮回的概念。人和畜生我们见得多，不可否认。饿鬼和修罗，就是鬼和神，个别人见过，或者能说出亲身的经历和体验来。但是地狱和天人真有吗？是不是《西游记》、《封神榜》和《聊斋志异》在胡说八道？十殿阎罗、十八层地狱、玉皇大帝、王母娘娘、天宫龙宫、天兵天将等，是不是没有一点实事根据，完全是虚构出来的？其实，所谓六道，都是我们的神识所变现的。做善事的升天，造恶业的下地狱，贪嗔痴具足的是饿鬼、畜生，都是自作自受，唯心所现，唯识所变。这是因果律，是永恒的真理。同样道理，既然是心识所变，因缘所成，都是空的，都是假相，如果我们彻底明白了，不可得，不但六道是虚幻的，佛菩萨也是虚幻的，世间一切，万事万物都是因缘所生，色即是空，凡所有相，皆是虚妄。这样我们就超越了，就出了六道轮回，就不再受生死了，那里还有什么地狱、天人呢！所以《金刚经》说，佛法非法，非非法。所言一切法者，是非一切法，是故名一切法。

　　母胎怀子，是十分辛苦的事情。第一个月中，胎儿在母亲的腹中，如草上露水珠子，朝不保夕，凌晨时候聚合起来，太阳刚出，就很快散去。第二个月中，就像一小块乳酪，凝结在一起。第三个月，颜色开始改变了，好像凝结的小血块。到了第四个月，才稍微可以看到人的样子，还是裹在一团里。第五个月，胎儿开始生有五胞，头部是一胞，两肘两膝，各为一胞。从第六个月开始，眼睛生出来了，耳朵生出来了，鼻子、嘴巴、舌头都生出来了，并且胎儿意根也长成，会自己思维了。第七个月，胎儿生长了三百六十个骨节，八万四千个毛孔。第八个月中，胎儿的智力成长了，意识开始分别东西了，眼睛两个瞳孔、两个鼻孔、两个耳孔、嘴巴张开、肛门和头顶的梵穴等九窍也完备了。第九个月，胎儿就会自己吸取五谷精华和各种营养成份了。这个时候，母亲的身中，生脏向下，熟脏向下，子宫内壁好像起伏的地面，有三座大山，一座叫做须弥山，一座叫做业山，一座叫做血山。这三座山，一时崩塌下来，形成一条沟沟，母亲身上的养分凝结成活动的血液，就成为胎儿的营养。到第十个月，婴儿全体一一完成，准备出生了。如果所生是孝顺之子女，婴儿会合掌为拳，安详降生，是为顺产，不损伤母胎，母亲也不感觉很痛苦。如果所生为忤逆之子，就会破损母胎，撕母心肺，踏母骨骼，好像千刀万剐，要把母亲斩杀。父母恩深如海啊！假使有人，为了爹娘，亦以利刀，割其心肺，血流遍地，万般痛苦，经百千劫，犹不能报父母深恩啊！所以，人生在世，第一件最重要的事情，就是孝养父母。孝之道，其为人之本矣。

婴儿住胎时，也是无比辛苦，母亲稍微翻身，胎儿就感觉是地震来了；母亲喝一口凉的，胎儿就像堕在寒冰地狱；母亲喝一口热的，胎儿就像被放到热锅里煎烤。胎儿出来时，把自己一百八十度翻个身来，如果是男婴，则面对母亲，如果是女婴，则背对母亲，在三座大山的挤压下出来。待身体刚刚接触外面环境，里外温度一变化，婴儿也痛苦无比，所以一出来就大哭"苦啊！"顿时，把前世的事情忘记得干干净净了。生老病死都是苦啊！所以，做人有什么乐？《红楼梦》一开篇，那石兄要去投胎为人，一僧一道就过来劝他说："那红尘中有却是有些乐事，但不能永久依恃，瞬息间却是乐极生悲，到头来终是一梦，人非物换，万境归空，倒不如不去的好。"

　　在西藏密法中，有一个如何选择胎门的法门，如果碰到有缘人，我一般也会教他们这个法门。在此不能详细讲解，但是可以讲一个故事。相传唐朝玄奘法师到古印度去取经，途径西域大沙漠。玄奘法师是得道之人，具有神通，他见附近有紫气升腾，确定沙漠里面有修行人。于是就找来人挖开了一处沙丘，地下是远古时候的一座大山，有个山洞，洞里有一个人，作跏趺坐状。玄奘法师过去摸一摸那人的胸口，觉得还有些温度，确定这个人还活着，还在禅定之中。他就教人那引磬来敲一敲，引他出定。果然，这个修行人醒来了。他见玄奘法师就礼拜，说："佛陀啊！您终于来了。我等您等得好辛苦啊！"玄奘法师说，我不是佛陀，释迦佛已经圆寂好多年了，弥勒佛还没有下降为佛。这个修行人一听就大哭了："啊！可惜。我又错过佛的法运了。"玄奘法师说："你不用悲哀。现在你的这个身体不能动了，也没有用了。你去投胎吧。你到震旦去（就是古时候的中国），那里有佛法。你看到红墙绿瓦高楼大厦的地方，就在那里投胎吧。"这里，玄奘法师是教导这个修行人如何选择胎门。教导完后，玄奘法师继续西行取经去了。后来，这个修行人投胎在尉迟恭的家里，成了他的儿子。这个尉迟恭是唐太宗的开国元勋，是封了王的，富贵得很。他就是王子了。小时候，很顽皮，前世的傲慢习气都出来的，总是给家里闯祸。一次，他打了皇家的太庙，不得了了，要杀头的。有什么办法呢？唯有出家吧。刚好玄奘法师从印度取经回来了，他就成了玄奘法师的徒弟，就是后来的窥基大师。这个王子要出家的时候还要求多多呢。他很喜欢看书，所以要装一车书出家；他很喜欢财宝，所以又装了一车银子出家；他很喜欢女子乐器，所以又装了一车女乐队出家。这样，后人把这个窥基大师称为"三车和尚"，他是法相宗的创始人。

我们上面说到，这个摩耶夫人怀太子的时候，日日修行六波罗蜜，不乐人间饮食。这是善慧菩萨选择投胎于摩耶夫人腹中的主要原因之一。有如此虔诚修道的母亲，怎么会生不出圣人来呢。摩耶夫人的六波罗蜜，这就是胎教啊！中国人讲的胎教来源于周朝的三太，就是周文王的祖母、母亲和妻子，这几位伟大的女性培养出周文王、周武王和周公几位圣人。中国古代人很重视胎教，孟子的母亲也是很典型的例子，孟母三迁的故事是家喻户晓的。之后中国没有真正意义上的胎教了，所以，两千多年都培养不出圣人来。现在怀孕的妇女都在修行什么呢？我看大多数是修行贪嗔痴。摩耶夫人的胎教是修行六波罗蜜，中国胎教的内容是什么呢？简单地说，就是"非礼勿视，非礼勿听，非礼勿言，非礼勿动。"我们这里简单说说。

视而不见，听而不闻，不是不见，不是不闻，了了觉知，不着见闻。心里空诸一切，空空如也，这就是修行。这里最重要的是非礼勿动。什么不动呢？心不动也。身体虽然努力工作，勤恳做事，待人接物，随缘随份，只是心里不落印象，于事无心，于心无事，心里平平的，安然而住。非礼勿视，非礼勿听，非礼勿言，非礼勿动，就是持戒，因戒生定，因定开慧，戒定慧三学，就是菩萨行，展开来就是六度万行。六波罗蜜，布施、持戒、忍辱、精进、禅定、般若。所谓波罗蜜，梵语，中文的意思是"到彼岸"，就是从生死的此岸，度过烦恼苦海，到达不生不死的彼岸，所以也叫六度。从什么地方做起呢？从布施做起，就是为人民服务，不但财物可以布施，身命也可以布施。把烦恼布施掉，就是没有烦恼，把生死布施掉，就是不生不死。《金刚经》说，菩萨不着相布施，得福无量无边。说到持戒，首先要做到的是守法，做个好公民。其他的五戒、菩萨戒、具足戒，因为一般人不容易做到，所以不讲了。但是，戒是定的基础。不格物致知，修戒定慧是白谈。说到忍辱，一切法得成于忍。这个忍不单单是忍耐，是认识到"凡所有相，皆是虚妄"，连我这个身体都是假的，谁来忍受？所以，观空就是忍，而不是硬把火压下去，压得多了会压出毛病来的。精进很重要，但很难做到，决心很多人有，恒心就不一定了，要精进关键还在明理，知道修行这个东西比吃饭更重要了，自然会重视它，到了时间，就想起该吃饭了。禅定一般指四禅八定，中国禅宗讲的更是祖师禅，就像六祖慧能大师，一步登天的。因为本文的对象不是佛门的修行者，所以这里不详细讲解。般若是大智慧，不是世间的所谓聪明才智，而是通达世出世间宇宙人生之真相，是无知而无所不知的大智慧。它是人人本具的，但是现在迷失了的。就好像我们怀里藏着一个价值连城的珠宝，自己却到外面讨饭。如果一旦知道自己本是个富贵人，何必到外面辛苦去呢？不是冤哉枉也。

我们每个人多么希望，自己有一个修行六波罗蜜的母亲啊！可惜的是，这样的女性，几乎是绝种了。尤其现在的年轻女性，都是贪字当头，都想赚快钱，都想往娱乐圈跑，古时候讲三教九流，那是还不入流的勾当啊，真是造孽！说起娱乐圈，佛都无言。所以，我常常对女人们说，你们不要做女人啊！做什么呢？做母亲吧。做一个真正的母亲，把天下人都当成自己的儿女。就像摩耶夫人，她生下太子，七天后就去世了。这正是母亲的伟大之处，为了培养圣人，摩耶夫人呕心沥血，为了成就儿子，不惜身命，把自己的一切全部奉献给了儿子。

而不是像有些人所说的,摩耶夫人因为是野外生子,外感风寒,所以早死的。现在的女人,一旦怀了胎儿,就要养尊蓄贵的,好吃懒做,不但什么事情都不想做了,而且今天杀只小母鸡补补,明天杀个老乌龟炖炖,造作无量罪业!摩耶夫人却不是这样,知道自己怀孕后,就不进人间饮食,那真正是用自己的精血来培养太子,而她自己呢?感动了天人,所以天人天天给她送食,七日后她就往生忉利天了,住进了玉皇大帝的宫殿里。摩耶夫人不愧前五百世都是菩萨之母啊!

第三章

第三相：示降生 摩耶夫人怀孕将满十月，依照风俗回娘家生产，途径蓝毗尼花园。四月八日，日初出时，夫人见无忧树花叶茂盛，即举右手欲牵摘之。菩萨渐渐从右胁出，时树下生七宝莲花，大如车轮，身堕花上自行七步，举右手作狮子吼云："天上天下，唯我独尊。"时四天王，即以天缯接置宝几，帝释执宝盖，梵王持白拂，侍立左右。难陀兄弟二龙王，于虚空中吐清净水，一温一凉以灌太子。天龙八部空中作乐，歌颂佛德散花乱坠。一切天人赞叹种智，速成佛道，度脱众生。

佛陀为一大事因缘出现于世，他是来启发帮助我们世人出生死轮回的，是多么伟大而神圣的事业。在兜率天，所有天众都知道善慧菩萨已经下生净饭王家了，所以各自亦下生人间，希望不要错过佛陀说法。当时，有九十九亿天众下生到人间来，还有他们的亲戚朋友，从四天王天，到色界天，一起投生人间的天人，不可计算。还有一位天子，飞速到了各处地狱，转告地狱众生，发大音声说："菩萨已经从兜率天下住母胎，你们赶快发愿啊，求生人间，听佛说法。"所以，很多有善根的地狱众生也因此回复光明，舍掉地狱身，即生人中，都来到迦毗罗卫城。太子出生时，诸天汇集蓝毗尼花园，都来接生，有端盘端水的,有打扫清洁的,有左右侍候的,有给婴儿洗澡的,有奏乐赞叹的,有散花供养的,好一番热闹的景象。

其实,身为菩萨的太子住母胎时候,已经开始为众生说法。虽然在血肉模糊的胎盘里,他行住坐卧,无所妨碍,早晨为色界诸天说法,日中为欲界天说法,傍晚为诸鬼神说法。因此,太子从母亲的右胁出生时,无忧树下生出像车轮一样大小的七宝莲花,太子的身体堕在莲花上,自行七步,举起右手,震摄魔王,像狮子一样大吼一声:"天上天下,唯我独尊!"

乍一听,菩萨口气为什么这么大?没有一点做人的谦虚!对啊!菩萨哪里是普通人呢,菩萨是破人情见的人也。这是什么时候了,还那么畏畏缩缩,小脚女人似的,这是生死关头啊!关键时候,就要做大丈夫的事情,就要说伟丈夫的话语,自然是当仁不让了!我们人人本来是佛,具足圆满智慧,神通广大,要敢于承担如来家业啊!要发出我们的狮子吼音啊!

太子足行七步、口称独尊之后,便默然安静,就像一般的婴孩一样不行不语了。这时,采女用天衣把太子包裹起来,抱给摩耶夫人。随行的宫女这才回到净饭王的宫殿报告,净饭王马上派宫廷卫士,驾车来迎接太子回宫。当时的迦毗罗卫国,与太子同一时间诞生的,还有五百童子,小白象、小马驹、五色牛羊等,各各五百。还有商人入海取宝而还,各向王宫贡献珍奇宝贝,处处一派生机勃勃、吉祥如意的景象。

一位年高的仙人阿私陀,特地来为太子看相。老仙人观察太子的相貌后,认为太子具有非凡的特徵,预言太子将来一定会出家修行,成就无上大觉。老仙人随即向襁褓中的太子礼拜,净饭王也不自觉地跟着礼拜。太子诞生后的第五天,举行了命名典礼,取名为"悉达多",意思是"一切义成就",或者"如意吉祥"。在命名典礼那天,有一位青年学者憍陈如肯定地说:"太子将来一定会舍弃王位而出家,证得大觉,成为人天的教主。"净饭王希望太子长大后,能继承王位,统治国家。

太子出世后的第七天,母亲摩耶夫人就因病去世了,每个人都感到悲伤。太子的姨母摩诃波阇波提夫人,担负起了抚育太子的重任。波阇波提夫人对太子的照顾,真是无微不至。像我们现在很多家庭一样,姨母为他准备了很多的儿童玩具,使他有一个很快乐的童年。太子七岁时,国王就聘请了各种老师来教导太子。太子非常尊敬他的老师,但也常常问很多问题难倒了老师们。一次,太子问老师:"书一共有几种?"老师答不出来,很惭愧地向太子跪下顶礼。太子说:"只说我们地球所在的阎浮提吧,书一共有六十四种,如天书、龙书、大唐国书、天地八部、四洲鸟兽等。"老师向国王报告说,太子如此聪慧,简直是人天之老师,那里还用我来教授呢。不出四年,凡技艺、典籍、天文、地理、算数、射箭、驾车等,太子一学就会,一切典籍,悉皆通达。于是国王令太子学习兵法,还特此为太子建造了一处宫苑,让太子和其他五百位释迦族的兄弟一切游戏。太子有一位堂兄弟,叫提婆达多,他们俩具有完全不同的性格。一天,提婆达多带着弓箭,射下了一只在空中飞翔的大雁,太子见了,立刻向前去救护那只受伤的大雁。太子为受伤的大雁拔掉弓箭,包扎好伤口,小心地爱护着。提婆达多非常愤怒地来抢这只大雁,但被太子拒绝了。太子说:"我已摄受此雁,自从我发菩提心以来,我发愿爱护一切众生,所以我不能把这只大雁交给你。"提婆达多因此与太子结怨。

凡是世间有成就之人,一定是具备善根、福德、因缘的。像现在的很多父母,儿女出生、成长的时候,自个天天抽烟、喝酒、打麻将,儿女何来善根福德因缘?父母不学,没有道德,自私自利,损人利己,儿女何来善根福德因缘?所结交的亲

33

戚朋友，都是露水情谊，酒肉之交，所生活的环境，到处是脏乱差，乌烟瘴气，儿女何来善根福德因缘？纵然像佛陀一样的人，还有怨憎相会，免不了要与提婆达多这样的人打交道，结这样的恶缘，何况凡夫如你我者？

太子十岁的时候，净饭王找到国内最好的射击手教导太子，老师开始给太子一只小弓，让他射一只铁鼓，太子要求老师给他七只小弓，他一箭又一箭，射穿七只铁鼓。老师惊叹！报告国王，国王于是举行比武大赛。提婆达多最先出城，当时有一只大象挡住城门，提婆达多用手击打象头，大象倒地；另一位堂弟难陀出城时，将大象抛掷路旁。太子出城时，把大象抛起来，接着用手接住，慢慢地把大象放回地上，不让大象受伤。射箭的时候，提婆达多最先发箭，他连破三只金鼓，难陀也是一样。太子叫人去来大弓，一箭连破七只金鼓，然后插入地面。提婆达多与难陀比赛摔跤，两人力敌相当，不分胜负，太子一只手执起提婆达多，另一只手执起难陀，把他们按倒在地，但是没有伤害他们。

太子十五岁时，净饭王召集群臣，各个小王、各大仙人和婆罗门等，悉皆云集。国王以七宝器，盛四大海水，为太子灌顶，付与七宝印，正式封立太子。古时候的印度，是个农业国家，人们很重视农业生产，所以每年都举办"农耕节"，国王和太子亲自主持仪式，为人民作示范，仪式之后，大家随即举行盛大的聚餐会，全国欢欣鼓舞。这个时候，太子独自一人，坐到一棵树下，静静地沉思。太子想：虽然今天人们很快乐，但是那些耕牛反而要做更沉重的工作，为什么呢？太子见到地上，一条蛇在吞食一只青蛙，而头顶上却有一只鹰在盯住它，将要扑身过去。太子观察到周围一切动物都在弱肉强食，就生气怜悯之心。太子想：人类和一切众生，都存在着很大的痛苦。

净饭王注意到太子很不开心，就根据印度一年有三季的气候特点，为太子修建了三座不同的花园宫殿，让太子住到里面，有两万名采女侍候。太子十七岁时，国王开始为太子选妃，一共选了三位妃子，分别住进三座宫殿里。其中第二个妃子叫耶输陀罗，是高贵的善觉王的女儿。因此，王宫里举办了盛大的结婚典礼。但是，太子并没有因此感到很高兴。

太子十八岁时，请求到宫外游玩。太子出城是全国的大事，太太经过的地方都要清理道路，家家户户都要张灯结彩。太子的出游车队，受到人民夹道欢迎。忽然，车队前面出现一位身躯佝偻衰弱的老人（是净居天人化身的），有人立刻上前去阻止，可是已经被太子看见。太子看到这个老人的样子，觉得很惊讶。侍从车匿对太子说："人们活在世界上久了，就会慢慢变老。"太子感触到，自己及所有亲人，将来也会衰老的，太子无心再游览下去，就命令车驾回宫。太子在宫中思维，怎样才能解脱衰老的问题。不久，太子再次请求外出。他化妆成一个贵族青年，只带了一名随从就上街了。太子看到做买卖的人各自忙碌着，他看到人们工作的情形，看到铁匠在打造各种工具，心里很愉快。忽然，太子听到路旁有呻吟的声音，转眼一看，见到一个男子脸上和身上都是呈现紫色，痛苦地挣扎着，想要爬起来的样子。太子很仁慈，他立刻过去扶起男子，希望能帮助他。随从见到，立刻上前去阻止太子，说那是个有传染病的人，要太子离开他。太子觉得生病实在太可怕了。随从告诉太子，人病重到最后，就会死去。人死了就是一具失去知觉的尸体，要被抬去火化掉。尸体将被放置在火柴上，被点着焚化。太子觉得死亡太可怕了。回到宫中，太子闷闷不乐，整天思维着如何解脱生老病死的痛苦。

　　我们生活中世上，天天有人生，天天有人死。打开电视新闻，交通事故死的，自然灾害死的，以及各种意外死亡的，天天都有，只是我们都麻木不仁了。看看那些电视主播，报道水灾地震的时候，就像哥伦布发现新大陆一样，眉飞色舞，内心充满喜悦，一点同情心都没有；还有那些时事评论员，把几十年的水灾地震都背诵出来，人死得一次比一次多，灾难一次比一次惨烈，评论员口若悬河，从头到尾都在卖弄自己的丰富知识和自以为最权威的思想见解。不过，反过来想一想，不让他们这样播送，难道真要哭丧着脸吗？那也不行。既然有电视这个现代科技了，就让他们再一次幸灾乐祸、麻木不仁吧，那也不伤着别人太多，反正换个人也是这个德性。现代科技越是发达，枉死的人越多，不得善终的人越多。从前家里烧柴火的，不会有煤气爆炸；从前住矮房子的，不会有建筑工人堕楼；从前走路骑马的，不会有各种车祸；从前人们自给自足，不会有那么多食物中毒；从前医疗不发达，不会有人随便堕胎。现代人的死法，怎么数也数不过来。小时候生活在农村，周围十多个村子，每年也见好多次死人，山边田野到处是坟墓，每当这种时候，大人们就让我们不要去看，不要去问，连想也不要去多想这些事情。直到有一天，自己家的亲人，爷爷、奶奶、公公、婆婆，也死了，自己也在一旁扎花圈，想回避都回避不了。于是，我们就知道，人人都会死的，死后都是这样，别人敲锣打鼓把我们埋掉。小时候大人教我们立志，跟现在也一样，本质上没有多少改变。所谓立志，就是攀比，就像谁谁谁家一样，为了住大房子，为了开靓车，为了找好工作，为了不做农民，为了当官，为了娶漂亮媳妇；大人们帮助小人们安排理想的未来，都是做科学家、医生、工程师、律师、航天飞人，当大官，赚大钱，都是这样的，就差没有像释迦牟尼一样，理想当太子，做国王的，那才是真富贵，可是我们普通人不敢想啊。我们也看到很多另类的人物，那些逃亡香港的，一定是坏人；那些不结婚的，一定是怪人，那些私奔的，一定是不孝子孙。偶然见一两个浪迹天涯的，听说是出家人，却是有些新鲜，说这些人为什么那么傻呢？

就像我们这里说的太子悉达多。一天，太子在花园中游玩，见到一位身着袈裟，态度安详的出家人。当时，太子正在树下休息，一位净居天人化身的比丘，一手持饭钵，一手执锡杖，视地而行，来到太子跟前。太子问他是何人？出家人说："我是比丘。"太子问什么是比丘？出家人答："能破除烦恼，后身不受生死的人，就叫比丘。世间无常，国土危脆，一切东西终归便灭，我所修学无漏圣道，不执着色声香味触法，能够得到永久解脱。"说完，现神力腾空而去。太子见状，便自言语唱道："善哉！善哉！天人之中，唯此为胜，我当决定修学是道。"太子心生羡慕，于是有了想出家的念头。这个可不得了了！那时候的净饭王，就像我们大多数做父母的，听说儿女想要出家，那可是天崩地裂的事情，不可以！不可以！因此，王国就禁止太子外出了，还下令在宫殿四边，建筑高大的围墙，充实守卫，不让太子外出。太子自从娶了妃子以来，行住坐卧，无有世俗之意，日日夜里静坐禅观，不与妃子有肉体接触。国王问采女后知道太子不行夫妇之道，怕太子断后，就请来极有辩才的婆罗门子，给太子讲世间的五欲之乐，更令人挑选美貌的歌女，来娱乐太子。但太子并不乐于此中。

第四章

第四相：出父家 太子年十九岁（一说二十五岁），往父王所作礼白言："恩爱集会必有别离，惟愿听我出家学道。"王执其手流泪言曰："国未有嗣，宜息此意。若生一子不复相违。"太子即以右手，指妃子腹，便觉有孕。二月七日思求出家，身放光明照诸天宫，诸天皆知太子出家时至，即来礼足。至于后夜，太子即令车匿牵马来，城门无声自开。太子行至苦行林，取七宝剑自剃须发，而发愿言：愿共一切断除烦恼及习障。

太子十九岁时，心自思维："我今正是出家之时，宜当告于父王。"佛经言：父母不听，不得出家。作为人子，最重要的是守孝道。我们不能为了自身的利益，违背父母的意愿。太子是个孝子，他体察父亲的心思，把出家这件事看得很隆重，觉得必须征求父亲的意见。因此，他为了严肃威仪，穿上很正式的服装，选择适当的日子，让大臣通报父王，儿子求见。净饭王知道太子来意后，百感交集，又悲又喜，悲的是儿子要舍家而去，喜的是儿子还有这份孝心。所以，太子过来作礼的时候，净饭王也顾不得许多了，双手就把太子抱住，久久才让赐座。太子对父王说："恩爱集会必有别离，惟愿听我出家学道。一切众生，爱别离苦皆使解脱，愿必垂许不见留难。"言辞非常恳切。净饭王闻太子语，心大痛苦，犹如金刚摧毁大山，全身颤抖，坐立不安，手执太子，流泪哽咽，久久不能说话。良久才说："望你现在不要有出家的思想，你现在还年轻，又没有一儿半女，难道你不顾念我即将孤独终老，不怀惜这个家吗？"太子说："儿子明白父王的苦衷。如果您老能了儿子四个心愿，不老，不病，不死，不死，不别，那儿子就打消出家的念头。"净饭王知道自己无法解答这样的问题，更感悲戚，仍是流泪不许。

我们常说，人生有八苦：生老病死、求不得、爱别离、怨憎会、五阴炽盛。还有一苦，普通人不知道：不知道世间有佛法可以令人解脱痛苦之苦，曰"苦苦"。其实，人最大的痛苦是什么呢？是"心不安"。心不安的根本原因在于"有所求"，有所求则心不空，有所求则品不高。佛之真正意义是一无所求、究竟不可得，"以无所得故"，所以能得大自在。太子尚不达佛理，心有所求，故心不安。

当时，在迦毗罗卫国有很多看相的大师，他们占卦说，如果太子不出家，他七天后就一定得转轮王位，天下七宝都会归于他。净饭王听说后，非常开心，就下令卫兵严加把守，七天内一定不要让太子出门。净饭王又来到太子的住所，问候太子，对他说："如果你肯为父王生一个小王子，父王就允许你出家去。"太子于是答应了父王的要求。他立即以左手指向妃子耶输陀罗的腹部，耶输陀罗就觉得自己怀孕了。净饭王想，七天内太子一定不会让妃子怀孕的，等七天过后，他已经是转轮王了，一定会改变出家的决心。而太子想："既然妃子已经怀孕，今日已经是二月七日了，我应当马上出家。"太子这样想的时候，身体突然发光，照耀到四天王宫，乃至净居天宫。

诸天见此光明,知道是太子出家时至,纷纷来到太子住所,向太子顶礼,并协助太子出宫。

当时是夜里,大家都睡了。太子看了看妃子耶输陀罗,见她正在熟睡梦中。耶输陀罗正在梦见有一轮明月堕地,梦见自己的牙齿掉落了,还梦见自己的右臂失掉了。耶输陀罗被梦境惊醒,心大恐怖,就把噩梦告诉太子。太子说:"梦都是假的,你不要害怕。"耶输陀罗说自己所梦之事一定是太子要出家的先兆。太子就安慰她,让她继续睡下。妃子睡下后,太子站立起来,放眼看去,只见耶输陀罗和其他很多侍候的采女、歌女,一个个睡着像木头一样,有的依伏在乐器上,有的就躺在地面上,有的在粗鲁地打鼾,有的在流口水流鼻涕,白天的化妆品褪色了,面容非常难看,简直是丑态百出。太子想,所谓世间美色,有什么可恋、有什么可爱之处呢?

世间不管男人女人,都是很好色的。自有人类以来,这个色欲害人不浅。要不然,就不会"超女"过后,"超男"又来,都是教育人堕落的玩意。其实世间哪里有什么美女丑女呢?都是人的妄心在分别。古代女子不戴文胸,她们以自然健康为美,现代女子如果不戴文胸,有人会认为她是个荡妇。明清时候女人以小脚为美,所以,个个都用裹脚布。有的少数民族以丰唇为美,甚至下唇还戴上银环。中国唐朝时候以肥胖为美,现代人以苗条为美,女人们拼命地减肥。究竟天下谁最美呢?都是情人眼里出西施。现在全世界每年有无数个选美比赛,什么城市小姐,全国小姐,环球小姐等等,由八个十个评委为"美丽"这个词下定义,定标准,他们能代表全世界几十亿人吗?还有什么世界小姐,有二三十个国家的选手参加,他们能代表全世界近三百个国家吗?更何况真正美丽的女子是不会出来参加选美的。

如果是真美，应该是不变的才对啊！只是在舞台上，穿上点性感漂亮衣服，化化妆，打打扮，扭扭屁股，勾引得那些咸湿佬拼命地鼓掌，口水流了满地都是。且不看看她们歇了妆是什么模样？且不看她们蹲马桶时是什么模样？且不看她们跟邻居吵架的时候是什么模样？那一个不是一副臭皮囊，里面裹着一身臭肉。见其形体，披头散发，皮肤骨肉，筋脉脓血，心肺脾肾，肝胆肠胃，屎尿涕唾，外面是个草革囊，里面盛满臭秽，有什么可美的？并且这身臭皮囊，总归要衰老、腐烂、变灭的。不要说天天要吃减肥药、保健食品、高丽参等，就算让秦始皇找来长生不老药，也不顶用，总会免不了一死的，哪里可以常保？

我们现代人生活在物欲横流的时代。一切以经济建设为中心，这样的错误观念已经深入人心，牢不可破了。世人去道渐远，道德都不讲了，根本都可以不要了，鼓励大家都围着钱转，怎么不会是牛鬼蛇神的时代呢。现代经济学家把经济学的概念定义为满足人类社会日益增长的物质文化需求。这个定义很对，没错！可错就错在鼓励人们物欲横流啊！人的欲望怎么可以满足呢？那真是日益增长，每秒钟都在增长啊。老祖宗教导我们，格物致知，要革除物欲，去掉对物质文化的追求，人类才会有真正的智慧，是这个意思。为什么现代伟大的经济学家都让人变成愚昧，走向堕落呢？还有，各国竞相发展贸易，好听一点是互通有无，实际上是你争我夺，开展没有硝烟的战争。为什么会有这么多贸易谈判，多哈回合呢？都是一个个心量狭隘，自私自利嘛。还有什么扩大内需，鼓励居民消费，也是同出一辙，促使人们物欲高涨，让人愚昧堕落的，如何是与道相应，与天相合的做法？人类勤俭节约的传统美德早已丧失殆尽了。

悉达多太子对这些东西看得很透彻，所以决心不与万物为侣，要拼掉物欲的享受，要追求人生真理。太子这样想的时候，诸天都有感应，都受感动，所以都来成就太子的事业。后夜之中，太子要出家了，令车匿牵马过来，他们都是太子降生之时，跟着一同下凡的，所以虽然国王下过严令，不让太子出门，违者重罚。然而他们为大孝，舍小孝，为大义，舍小义，尽力协助太子出城。天人们则运用神通，让国人沉沉睡去，免得发现太子出城。尽管城门紧锁，鬼神也来帮忙开门，所以太子很顺利就出了城门。回首之间，太子发誓："如果不成佛道，誓言不复见父王、姨母、妃子和儿子。而成就佛道之后，一定会回来度脱他们。"这是多么至善圆满的孝行啊！

太子骑马，一路向东方的苦行林奔去。很快就到了林中，一片寂静无声，太子心生欢喜。想到家里父王妃子一定会挂念，太子让随从车匿回去报告，并把身上的衣服换下，把所戴的珠宝璎珞赏给车匿，自己换上了一身朴素衣服。最后，太子拔出利剑，自削须发，发愿断除一切烦恼和习障，成了一个真正的出家人。这时，诸天散花赞叹，同声祝愿太子尽快得阿耨多罗三藐三菩提。

太子在苦行林中，行至跋伽仙人所住之处，林中所有鸟兽，见到太子，都瞩目景仰。各大仙人，见太子威仪，无不赞叹。太子观察这些仙人的修行，有的以茅草为衣服，有的以树皮为衣服，大家都是吃些山水野果，有一日一食，有二日一食，有三日一食，都是行饥饿之法。有的事奉水火，有的事奉日月，有的翘一脚，有的卧尘土，有的卧于荆棘之上，有的卧于水火旁边。各种各样的苦行都有，甚是奇特。太子问仙人们："你等如此修行，为求何种果报？"仙人们说："修此苦行，为欲生天。"太子觉得，他们如此修行，还是出不了六道轮回，还是像商人出海取宝一样，都是有所求，不得究竟。所以，太子只在这里住了一宿就离开了。

太子出家了。在迦毗罗卫国王宫里，大家清晨起来，不见了太子，整个宫殿都翻腾了。耶输陀罗悲号啼哭，速往波阇波提夫人处，转而告知净饭王。净饭王一听，惊魂若丧，下令千万骑兵出城，各处寻找。这时，车匿牵马俱还回报，举国人民见此，无不惊愕懊恼。姨母摩诃波阇波提夫人想："我把太子你养这么大，如今舍我而去，也不告知一声，就像树上的果子成熟，却掉落地上，太子你为何如此狠心？"妃子耶输陀罗心想："我与太子，平日行住坐卧，不相远离，夫妻恩爱情深似海，如今你反而如此薄义，舍我而去，太子你为何如此无情？"她们都来责骂随从车匿。车匿说："你等请勿责怪我与小马，太子出门，并非人力，我当时高声劝阻，大家都睡得沉沉的，而且城门紧闭，一般人谁也冲不出去，若非天助，我们何能出门？"大家听说，才默然无声。

净饭王反而怪责媳妇耶输陀罗，媳妇辩解说："当时您老人家来太子宫，答应太子，若我有孕，太子就可以出家，不是这样吗？"净饭王无言，又问媳妇是否真的有孕？确信无疑后，国王说："也罢！也罢！都是天意。"净饭王又询问车匿，太子跑到哪里去了？并召来大臣们，下令一定要把太子找到。大臣们劝谏说："大王不应自生忧恼，太子初生之时，自行七步，非是凡人，后来阿私陀仙人相他一定会出家，成就道业，如今果真如此，大王应当欢喜才是。如今，不应劳师动众，而是派几个人寻找太子的下落，有有个接应照顾就是。"净饭王答应了大臣们的意见，就吩咐派出一支卫兵小分队出城寻找。

国王的军队来到跋伽人的苦行林，不见太子，便根据仙人所指，北行到阿罗逻迦兰仙人所。他们在中途遇见了太子，当

44

时太子正在一棵树下端坐思维。众人便上前问询,劝令太子乘车返回宫城。太子说:"我岂不知父王对我恩深情重,但是我们都有生老病死之苦,如何解脱?请你们转告我的父王,我今天既然已经弃国出家修道,就不能半途而废。世间之人,都在大苦中而不觉。为了一点点小乐,不能舍弃。如今我处寂静之所,无诸患苦,一心修道,没有理由要回到恶道上去。我的选择是符合先王之法的,我想父王会体谅我的心的。待我修道有成,我一定会回去见父王和家人的,劳烦你们回去转告。"太子说完,就起身往阿罗罗迦仙人的方向走去。众人见太子语切情深,知道不能使其回心转意,大家商议,留下憍陈如等五个人,继续跟随太子,其他人都回去告诉净饭王。

太子一路向北走,渡过恒河,进入摩揭陀国的首都王舍城。太子每天清晨到城里托钵,然后回到郊外树下禅坐。王舍城的民众,见太子相好殊特,欢喜爱敬,很多人都来看他。当地的国王频婆娑罗,知道邻国净饭王的太子到了这里,也出来山上拜访。频婆娑罗王对太子非常恭敬,与其一席话后,愿意舍国尽以奉送给太子。太子说:"如今我转轮王位都不要了,如何要您的王国呢?我今天舍家弃国,是为了断除生老病死之苦,不是为了世间欲乐。世间五欲,如大火聚,焚烧众生使人堕落,我为什么还要贪着呢?我今天来贵国,是为了拜访两位修道的仙人,现在要到阿罗罗迦兰去,不宜久留此地。国王,您的心意我领了,希望你以正法治国,不要辜负人民对您的期望。"说完辞别国王而去。频婆娑罗王惆怅若失,看着太子远去的背影,久久不肯离去。

太子途中路遇瓶沙王出游狩猎,被他的大臣们追上。瓶沙王问太子为何舍弃王位?太子说:"以我所见天地人物,生老病死,不可得离,为了养自己的肉身担忧害怕无尽,日日有所求,得到了又怕失去。我已经厌恶这样的人生。大王，您老死之时，会有谁代替您去死吗？纵然天下父慈子孝，也不能相代。世间无常，一切都是化作，无有真实，乐少苦多，难以久居。物有生死，事有成败，安则有危，得则有失。万物纷扰，皆当归空。我要这个王位干什么呢？"瓶沙王闻言，非常赞叹。太子继续前行，渡过泥连禅河，走了数十里路，看见两位梵志，事梵天，奉日月，修火祠，唯水是净。他们问太子："什么是道？"太子说："你们修的是生死法，并非真道。为什么呢？水不常满，火不久热，日出则移，月满则亏，道在清虚，拜水怎么能令心清净？"他们不懂，太子有点伤感地离开了。

太子一路前行，不日来到阿罗逻迦仙人之处。仙人们听说太子为了修道而出家，非常赞叹，就对他说："我们众生，从一开始就有我慢之心，慢心生于痴心，愚痴是因为贪爱，贪爱生五尘，五尘生五大，五大生贪嗔痴，这是烦恼的根本，生死的根源。若要断除生死苦本，先当持戒修行，在闲静处修习禅定。有觉有观，得初禅；除觉观定，生欢喜心，得二禅；舍喜心得正念，具根乐，得三禅；除苦乐得净念，入舍根，得四禅。此名为解脱。"还有的老师对太子说："这还不算解脱。有定有觉后，须离开色想入空处，灭有对想。入识处灭，无量想识，唯观一识。然后入无所有处，离于种种相，入非想非非想处，才是究竟解脱。"太子闻言，非常高兴，就跟两位仙人修学禅定。

我们一般人所说的禅定分为四禅八定，就像爬楼梯一步一步上去，是渐次法；在达摩祖师未来之前，中国禅宗讲的都是"四禅八定"。而禅宗是达摩祖师所传，叫祖师禅，是直指人心、见性成佛的圆顿法门，不是一步步走的渐次法。

坐禅习定，有粗住、细住、欲界定、未到定、初禅、二禅、三禅、四禅这八个阶段。譬如念佛，若能够把心系在佛号上，而不会驰散，这就是"粗住"，才伏住了粗妄。进一步，心贴贴地不动了，和佛号打成一片，心外无佛，佛外无心，就是"细住"，又伏住了细妄。再进一步，心里豁然开朗，身体像云、像影一样腾空了，觉得离开了坐处，这就是"欲界定"。

地狱、饿鬼、畜生、人类，还有六层天，统属于欲界；欲界越高，淫欲心越淡。欲界六层天，亦称六欲天。淫欲心都断了就生色界天了。色界比欲界要好，有很妙的色相，只是形像稀薄，我们肉眼看不见。色界有四禅天：即初禅、二禅、三禅和四禅。初禅三天梵众天、梵辅天、大梵天；二禅三天少光天、无量光天、光音天；三禅三天少净天、无量净天、偏净天；四禅九天，福生天、福爱天、广果天、无想天、无烦天、无热天、善见天、善现天、色究竟天。

到了"欲界定"，再继续修习，如果身体世界忽然化空，这就是"未到定"，离开了欲界，还没有到色界，还不到初禅。功夫更进一步，内不见身心、外不见世界，就到了初禅。初禅具有"八触十功德"。"八触"就是"动、痒、轻、重、冷、暖、滑、涩"。觉得身体没有了，但产生了这八种感觉。八种感觉不一定同时出现，但不外这八种。动，是动得飘飘然，超过了世间的狂欢；痒，是痒得欣欣然，超过了世间的欲乐。总之，八触都是很舒服、很快乐的感觉。离欲而生喜乐，所以初禅称为"离生喜乐地"。在初禅天就能升腾放光。"十功德"就是"空、明、定、慧、善心、柔软、喜、乐、解脱、相应"，这里面已经包括了"空、乐、明"。定者不乱、慧者不愚、喜者不忧，还有善心、柔软、解脱、相应，这都是极好的境界，所以称为"十功德"。舍弃初禅八触十功德的觉受，才能进入二禅。二禅称为"定生喜乐地"，定中生起喜乐，就是喜悦无穷，即人们所说的法喜充满。舍弃二禅的"喜"，才能进入三禅。三禅称为"离喜妙乐地"，产生了超越欢喜的微妙快乐。三禅天则快乐无比，这个快乐是世间任何事情都无法比拟的。功夫做得好就可以尝到这个味道，快乐得很。舍弃一切觉受，才能进入四禅。四禅称为"舍念清净地"，就是禅定功夫深了，乐也没有了。

西方极乐世界中的"极乐"就是指乐到极端，都化空了，乐也不可得。假如你还有乐在，还是有心，还是有妄想妄念，还是没有成道。到了四禅天就连色也不住了。有的人说，我淫欲心没有了，但碰到好看的人还是想看一看。这就是色心还在。所以淫欲心是粗妄，色比较微细。我们除习气要先断淫欲，后断色相。假如没有什么美，没有什么丑，都平等了，那么我们就出色界到无色界了。

无色界并不是什么形像都没有，只是越高越微妙。越高越微薄。无色界即四空天，就是空无边处，识无边处，无所有处，非想非非想处。如果我们认为有空可得，住在空上还是出不了空界。所以要无所住，空也不可得，那么就出了空界，即出无色界了。

假如欲断了，色断了，空也不住了，这样就竖出三界了。由于竖出三界很难，因此有一个方便法门净土宗可以横超三界。不用这么一层层地竖出。比如破竹子，竹节很多，竖着一节一节地破开很难。横着只要破一层就行了。修净土就是要破开这一层，横超到西方极乐世界去。

我们修的是大乘禅、圆顿禅，不是修上述渐次禅，当然不讲这一层层的功夫，但我们也没有离开这些。我们无论遇到什么境界，一概不理不睬，这些感受不久就过去了。我们是以见性为宗，不管这些事情。

48

什么是九次第定呢？就是九种禅定：四禅、四无色、灭受想。灭受想定又称灭尽定，把"色受想行识"五蕴里的"受"和"想"灭掉。一接触外境，这是什么呀？就领受了。蕴是蕴藏、蕴积的意思，领受得多了蕴藏起来，就是受蕴。领受以后就想：哪个对我有利，哪个对我有害，有利的怎样得到它，有害的怎样消灭它。这许许多多的想法蕴积起来，就是想蕴。打坐做功夫，先粗住，再细住，然后是欲界定、未到定，未到定就是还没有到初禅。继续打坐做功夫，生起八触十功德，就到了初禅。然后从初禅经过二禅、三禅、四禅，进入四无色定。经过空无边、识无边、无所有，到了非想非非想定，还有一丝想蕴未灭。最后把受蕴和想蕴全都灭尽，就是灭受想定了。

如果修成九次第定，能入灭尽定，就可以坐脱立亡了，但那是真成道么？不一定啊！要明见真心才算数。禅宗有言：舍利十斛，不如转语一句。若不明见真心，任你坐脱立亡、舍利无数，也只是一色边事。

太子跟随两位仙人学习禅定后，功夫很快超越老师，但是仍旧是不能解脱。太子辞别老师后，便前进到伽阇山苦行林中，这里是憍陈如等五个随从的居所，在尼连禅河的边上。太子决心继续苦行，终日只食一口麻或一口米，都是天人化身来作的供养。憍陈如等五人见太子苦行，也学着他的样子，日中一食。这样六年下来，太子瘦得皮包骨头，不成人样。净饭王和频婆娑罗王听说后，心中大悲，急忙令人采办物资，送往深山。

第五章

第五相：降天魔 太子自心念言：“我今修于苦行垂满六年，若以羸身而取道者，彼诸外道当言自饿是涅槃因，我当受食然后成道。”乃至泥连禅河，洗浴身体，接受牧女牛乳。后趣毕钵罗树，发愿言：“我坐树下，若道不成，终不起坐。”已入定，魔王念言：“瞿昙当成正觉，及道未成往坏乱之。”于是手执弓箭便射，却于空中化为莲花；魔王复遣三女，亦被劝退。魔王又将波旬八十亿魔众，欲来坏佛，不能令动。

我们现在生活在魔王当道的时代。谁是魔王呢？我们每个人都是魔王啊！为什么这样说呢？因为我们每个人都有贪嗔痴。贪嗔痴慢疑各种烦恼在我们的心中，日日主宰着我们的思维和生活，使我们日日不得安生。它们是贼啊，是大盗贼，时刻不在劫我们的法财，蒙蔽我们的聪明智慧，使我们流浪生死苦海。

其实，我们绝大多数人都是生活在迷惑中，迷不知返。请问，北京在南京的北边，对吗？不对！西藏在上海的西边，对吗？不对！从北京一直往北走，一定有可能到达南京；从西藏一直往西走，一定有可能到达上海。世界上本来没有什么东南西北，四维上下，都是“名可名，非常名”，假设而已。如果当初把指南针做成指北针,也没有什么不可。我们乘坐飞船上到太空,太空无比广大,地球只是一个小小的圆球而已,那里有东南西北呢?那些南极北极、经线纬线只是我们思维中的一个个虚构的幻影而已,那能作实!

一般人以为什么事都有开始,有中间过程,有结束。就像人出生了,就是有,死亡了,就是灭。人都死光了,上帝还存在不?很多人想一定还会有的。你心里觉得有,那就是有;你心里没有,那就是没有。其实,所谓的上帝和地狱,就像所谓的时间,空间,都是假的,都是空的。如果我们还是采用周朝的历法,现在是公元2010年吗?如果西方的历法提前一千年,现在还是2010年吗?人类都是自以为是,作茧自缚。有这些东西好不好?很好!为我所用就行了,不要固执而不化。因为执着之故,每个人都是要啊!追求啊!获取啊!没有一个厌足的。以前是手表、单车、电视机,现在是手机、汽车、房子,都在那里攀比,看朋友,看同学,看邻居,看同事,看同乡,都是在追求享乐。求了利,还要求名。要做医生,要做律师,要做科学家,要做明星,一窝蜂的送子女到国外留学,要哈佛大学,牛津大学。殊不知,一个个哈佛大学的教授,都只是糊涂蛋而已,如果他是真正通达之人,还要那个头衔干什么?不都是为了名闻利养吗?不要期望做什么大学者、大专家、大教授、大作家,不管你有多大成就,你写的那丁点儿东西,不过三五十年,人们一看就说是垃圾。我们几乎每个人都是被自己的眼耳鼻舌身意蒙蔽着,都围着它们转,被它们所迷惑。比如有客人吃着美味的牛扒,觉得非常可口,待厨师出来说:"那是老鼠肉。"那客人必定当场呕吐。有人喜欢吃榴莲,有人一闻到榴莲的味道,就赶紧捂住鼻子。同样的摇滚乐,年轻人觉得很劲,很过瘾,老年人一听,觉得吵死人了!难陀是佛陀的堂弟,他娶了一位很漂亮的妻子,佛陀劝他出家时,他对妻子依恋不舍。佛陀把他带到猴山上，对难陀说："你的妻子比这只母猴，谁更漂亮？"难陀说："当然是我的妻子。"佛陀又把他带到天上去，对他说："你的妻子比这些仙女，谁更漂亮？"难陀说："我的妻子简直像母猴一样。"

我们再把视野放大一点点。人们越是想尽办法解除烦恼、痛苦，但是往往烦恼、痛苦越来越多，为什么？因为都是治标不治本，都是借酒消愁愁更愁。比如现代科技越是发达，问题越多。医院越盖越大，设备越来越先进，但是疾病越来越多，犯病的人也越来越多。手机电脑越来越发达，人们越来越不会写字。城市道路越修越阔，塞车问题越来越严重。以后车子越来越多，人类就会退化成越来越不会走路了。交通越来越发达，人与人之间的情感越来越淡薄。体育比赛的规模越来越大，人们的心量越来越小。所有体育比赛都是肮脏的竞争。组织者打着友谊的旗号，为了名利，花样百出；选手们为了名利，争个你死我活；观众只为自己的团队，呐喊疯狂。表面上是爱国主义，其实都是心量狭小之辈。大型体育比赛劳民伤财，一般老百姓根本无法分享其中的喜悦，只有各种面子工程不断，扰民损民，尤其是那种竞争的思想，贻害深大。

放眼世界，宗教信仰也好不到那里去。很多宗教徒被无知牵引，上当受骗。教会到处拉人入会，目的是多多收钱。教皇教主都过着奢靡的生活，不少牧师神父强奸幼女，都是说自己在传达爱心。教派之间斗争不断，都是为了争权夺利。宗教狂热人士称美国为魔鬼的同路人，但是自己为了获得那张绿卡，不惜向美国卑而屈膝。西方发达国家很多信仰宗教的地方，年年举办什么面粉节，番茄节，将成千上万公斤的面粉、番茄等抛向地面，揉烂踩碎！而在另一头，联合国和红十字会纷纷请求救援非洲几百万的饥民难民。一旦当权的拿到了救济款，就挪来买汽车，建大房子，自己挥霍。这就是当今的众生相。宗教本来是善良救世的，但是世风日下，人心险恶，什么罪恶的事情做不出来？世界上根本没有什么乐与不乐，天堂与地狱，都是人心所作。世界上也根本没有什么正义与非正义，都是人的妄心分别。那些所谓的有文化有道德的高人，都是各自死守自己的道德标准，然后强加于人，就像美国要把民主制度强加于中国一样。殊不知，最民主的台湾也是最堕落的台湾。希特勒是个杀人恶棍，却也是个素食者。鲁迅曾经是中国民族精神的脊梁，却也是破坏中华传统文化的罪人。2006年前，布什、本拉登和萨达姆都是好得不得了的哥们兄弟，一眨眼功夫就成了死对头。其实，布什并不比本拉登高尚，布莱尔也不比萨达姆仁义。当布什在航空母舰上向萨达姆宣战的时候，多数美国人感到一种莫名的自我正义感，那是真正的正义吗？不出几年，美国每年要在伊拉克和阿富汗死亡两千多士兵，这里面有多少个家庭破碎了，多少人要参加葬礼，承受痛苦？而且每年还有花费两千多亿美金来打仗，愚蠢不愚蠢？如果每年把这个几千亿美元的零头送给萨达姆或者本拉登，或者当地的什么猪啊狗啊的，要他们脱了裤子，每天都叫你美国人爷爷奶奶都行了，为什么如此愚痴，再加愚痴？

世界上的每个人，要么是井底之蛙，孤陋寡闻；要么是大海之蛙，自以为是。尤其是那些天天高喊着要解放全人类，为他人着想的人，非要找到井底之蛙，告诉它大海之无涯，非要带着井底之蛙去看大海，让井底之蛙突发心脏病而死。同样为人，有的是人中神仙，一辈子不用做事就衣食丰足，还有人侍候；有的是人中人，自力更生，日出而作，日落而息，过着小康生活；有的是人中畜生，杀父杀母，兄弟相残，杀盗淫妄，无恶不作；有的是人中地狱，生来残疾，满身疾病，大半辈子在医院病床上过。人各有命，都是业因果报，自作自受，无容他人解放。达尔文说，弱肉强食，适者生存，一派胡言。天之道是，弱者胜强，柔者克刚，敢者死，不敢者生。纵然你有航空母舰，生化武器，他处心积虑，从小微起，打入你的内部，成为你的公民，参加你的选举，你中有我，我中有你，就是要炸你的总统府、国防部，你奈他如何？纵然你操纵股市，创造二次房贷多层融资，一旦金融风暴，还不是两败俱伤？

不通达人生真相的人都是愚痴。明明知道那私营煤矿很危险，会渗水，有瓦斯，为什么还要去拼命？明明知道徒手攀登珠穆朗玛峰是玩命的活，有雪崩，缺氧气，为什么还要去冒死？世界上有那么多工作选择，为什么非要作个屠夫，日日杀猪宰羊，造作无量罪业？世界上明知故犯的例子确实是太多了，明明知道吸烟有害健康，会肺癌，会气管炎，会更快死掉，为什么天天还要吸烟？明明知道麦当劳是垃圾食品，炸薯条，炸鸡腿，是很多癌病的主因，为什么还是要吃？都是贪取之故，就像猴子要捞水中的月亮，最终要淹死一样。贪到什么程度？贪到麻木不仁。看那海啸来了，地震来了，数以十万计的人死了，很多是乐极生悲的游客，千里迢迢去找死。然而，人们还不警醒，看那刚刚清理完掩埋尸体的地方，又一栋更大更漂亮的娱乐酒店又在兴建之中，更多的人们翘首期待，再一次的尽情享乐。人们的欲望一浪高过一浪，很多时候都是那些大众媒体在兴风作浪，煽风点火，那些记者们，不管是娱乐界的，还是财经政治界的，一个个像苍蝇似的，见到粪便就往里钻，就嗡嗡作响。当全社会的是非标准都由大众媒体来左右的时候，这个世界真的很快就呜呼哀哉了！

现在是末法时期，所谓邪师说法，如恒河沙。要找黑心人，请到吃素道里寻。地狱门前僧道多。都是魔王说法，各有各的道。佛教不是救世主，佛教不度人，人人还需自度。作为佛教徒，我们也没有承担什么如来家业，一切都放下了，如何还有责任感和使命感呢？不要试图让世界上人人改信佛教，人人各有因缘，缘不成熟，不要去拉他。一切都是自作自受，你自己选择吧，成魔还是成佛，一切唯心造。看看我们悉达多太子，学学我们的佛陀释迦牟尼，他不执两边，只行中道，中道也不执，不执也不执。

却道太子自念："我如今每日食一麻一米，乃至七日才食一麻一米，身形消瘦，犹如枯木，苦行修了六年，仍是不得解脱。我今天如果太在乎用饥饿身体来谋道，那些外道听了，还不以为自己饿自己是涅磐因呢。我应当恢复正常饮食，然后成道。"太子如此想道，就从禅座中站立起来，走到尼连禅河里，把身体洗干净。太子洗浴完毕后，想站立起来，但是身体确实是饿得一点儿力气都没有了，随手拿了一个树枝，勉强才回到岸上林中。这个时候，林外有一位牧牛女人。净居天人下来对她说，太子现在林中，你可以用牛乳供养他。女人闻说，心大欢喜，即取牛乳往送太子。太子食乳后，体力恢复，精神大好。当时在附近修苦行的五位随从，见到太子与一位小女子在一起，以为太子道心已退，就各还所住，自己别处去修苦行了。太子走到一棵毕波罗树下，发愿言："我道不成，终不起座。"

人生最大的一件事是什么呢？了生死。人有三身，曰色身，曰法身，曰化身。色身也就是父母所生之血肉之躯，是业报身，是终究要变灭的；法身是我之佛性，是不生不灭的，这是真我；世间一切万事万物，都是我之化身，是我的心识所变现的。了生死，就是破除"执色身之为我"，这是假我，所以要破它。同时，要认识真我，即法身之我不生不灭。见惑一破，"执我"等错误知见没有了，分段生死就了了。再思惑一破，"法执"

56

等思想上的分别之识没有了，变异生死就了了。这就是了生死、出轮回，所谓"知幻即离，则无轮转"。所以，太子现在下定决心要了了这件心事。

太子刚刚坐下，有帝释天化身的打柴人担了一担软草，名吉祥草，献给太子。太子便于草上结跏趺坐。发愿成佛时，天龙鬼神悉皆欢喜，清凉好风从四面八方来，禽鸟息响，降于枝条，游云飞尘悉皆澄净。只有魔王波旬心中恐惧，生大不安。魔王马上召来三个女儿，一名欲妃，一名悦人，一名快观，令她们速到太子处，乱其净行。三女妖媚打扮，来到树下，对太子行礼后说："我等是天女，愿侍奉太子，我们最善长周身按摩，侍奉太子服食甘露。"太子寂然身心不动，使出神通，让三女见到各自的身体内，脓涕唾液在脏腑内回转，有八千条虫蛹走入小肠，都张开血口，吞噬她们的内脏。三女见状，即刻呕吐。回身还见自身生蛇头狗头狐头，背负老母，抱死婴儿，复有诸虫，口生五毒，吞食女根。三女见状，心极痛苦，急忙逃走。回到魔王居所，魔王大怒，命令六天八部鬼神，八十亿魔兵天将，舞起雷雨铁丸，刀轮火箭，浩浩荡荡奔向林中。太子举眉间，众鬼神兵将即见阿鼻地狱，兵械武器即时熄火，所射之箭均化为莲花，罪人自忆前世所作罪业，心得清凉，各称南无阿弥陀佛。于时大地六种震动，地神手持七宝瓶，满中莲花，从地涌出。地神告诫魔王，不可恼乱菩萨。魔王波旬见状，憔悴懊恼，忽然回宫，身如焦木，魔宫即时倾倒而毁灭。

第六章

第六相：成佛道 恶魔退散之时，菩萨心湛然不动，落日停光，澄月映彻，众星璀璨。天雨妙花作众技乐，以用供养。菩萨大放光明，即便入定思维真谛，悉知过去所造善恶，寿命长短，一切众生轮回五道，无有真实，横生苦乐。明星出时豁然大悟，证得无上道，为最正觉。

　　太子以慈力降伏诸魔后，大放光明，即便入定思维真谛。在禅定之中，悉知过去所造善恶，过去父母眷属，贫富贵贱寿命长短，以及姓名字号，悉皆明了。太子悲心生起，自念言："一切众生，沉沦苦海，都是因为妄心虚伪，无有真实，而于其中横生苦乐之想。"太子进而有了宿命通，能知无数劫舍身受身；又获得他心智通，悉知众生心中所念；又获得漏尽通，戒定慧圆满。所欲如意无需用想，身能飞行，能分身百千万亿化身，能彻入地面石壁皆过，可以从一方隐没另一方出现，能飞行水面，坐卧空中，立能及天，手摸日月。有千里眼，顺风耳，能预知众生未来。是夜明星出时，豁然大悟，证得无上真正之道。到了中夜，太子用天眼观察世间，如明镜中自观面像，悉皆彻见。见诸众生种类无量，死此生彼，随行善恶受苦乐报。见地狱畜生种种苦报，起大悲心；见人从中阴始欲入胎，父母和合以颠倒想，起于爱心，处胎如地狱苦，初生之时，痛如刀割。太子思维："众生有如此之忧患，为什么还这样耽于五欲，横计为乐，而不能断颠倒根本？"至第三夜，观众生性，以何因缘而有老死？乃顺逆观十二因缘，即知老死以生为本，生灭则老死灭，忧悲苦恼灭。第三夜分，破于无明，得智慧光，断除一切业障，成一切种智。

我们常常听说，佛陀夜睹明星悟道后感叹："怪哉！一切众生本具如来智慧德相，但以妄想、分别、执著而不能证得。"究竟佛陀如何夜里目睹明星，就能悟道，他究竟体悟出什么道理？我们设想，当时夜空广大，一片清朗，满天繁星，闪闪发光。释迦佛想：星星离开我们这么远，肯定不止千里万里，为什么我能够看见呢？进而又想：各种声音来自四面八方，为什么我能够听见呢？进而又想：为什么我会吃饭？会闻香臭？会走路？会思想？这个能看、能听、能闻、能说话、能走路、能思维的是谁呢？啊！这都是我的佛性在起作用啊。什么是我？这个身体是我吗？如果我一口气不来，死了，佛性离开身体了，我这个身体还能见闻觉知，吃饭走路吗？我的这个身体总会变灭死亡的，但是我的佛性不死啊！而这佛性不单单我有，每个人都有啊。原来是这样，我终于明白了。

此时，太子已经完全明白。原来能这么远看见满天繁星的是自己的佛性，而不是眼睛。这个眼睛只像灯泡，是个辅助工具，要有电来，灯泡才亮，而这个电就是我们的佛性。它是个大能量，我们之所以能看、能听、能闻、能说话、能走路、能思维，全是我们的佛性在起作用。而我们的眼睛、耳朵、鼻子、舌头、身体，只是一个个辅助器官，佛性通过它们而起作用罢了。而这个佛性无时不刻不在起作用啊，只是我们不觉得而已。就像我们已经习惯生活在空气中，而不觉得有氧气的存在一样。如果把我们锁在一个房间里，慢慢抽掉空气，我们就会窒息而死，是同样的道理。所以，人命不是在旦夕之间，而是在呼吸之间。我们一口气不来，身体僵硬了，不是如同木头石头一般？不过，我们人死后，佛性会离开身体，成为中阴身，又去投胎了。就好像我们穿旧传破了衣服，扔掉，再换一件新的，舍身受身，这样的简单道理，为什么以前没有想到呢？

佛性就是真心，真心才是真我。真我无相，但是时时刻刻在你的面门放光，只是你不认识它而已。一切唯心造，都是真我创造的，都是真我起作用的结果。我们耳朵一听到酸梅，嘴巴就会吞口水，就是真我在起作用；我们踏临悬崖，脚底会发酸，也是真我在起作用。《楞严经》中，佛陀为了让阿难认识这个佛性是真我，就让儿子罗睺罗击鼓。罗睺罗击鼓一下，佛陀问阿难："有声音吗？"阿难说："有声音。"击久声消，佛陀问："还有声音吗？"阿难说："没有声音。"佛陀又让罗睺罗击鼓，佛陀再问阿难："你听得见吗？"击久声消，佛陀又问："你还听得见吗？"阿难说："听不见。"佛陀就说阿难是颠倒搅乱。因为没有声音并不是没有听见，而是听见"没有声音"。声音是会消失的，但是我们"听声音的性能"并不会消失，听见"没有声音"也是听见啊。所以，佛性不灭，真我不死啊。

佛性不生不灭，是我们人人本具的，我们本不曾失去它，只是暂时迷失了而已。比如一面闪光的镜子，上面堆积满了尘埃，但镜子的光明不曾失掉啊！只要我们把镜面打扫干净，除掉尘埃，镜子不是恢复本来的面目，闪闪发光了吗？所以太子成佛时感叹道："怪哉！一切众生本具如来智慧德相，但以妄想、分别、执着而不能证得。"

其实，我们人人具足神通，只不过我们不觉得而已。夜晚的星星离开我们那么远，何止千里万里，为什么我们的眼睛能够看见它们？这就是神通啊。只不过我们的神通还不究竟，不像佛那样圆满。佛眼看东西能穿墙而过，佛的神足通是千山万水，一飘就到，我们凡夫有这个身体的累赘，所以还做不到。有人说，我有神通了，我做了一个梦，梦见自己飞起来，飞到了一条大河，停住了，刚好遇见观世音菩萨，把我背过河去了。这都是胡说八道，骗人的把戏。因为果如你真有神足通，多宽的河你都能飞过去，如何要等观世音菩萨来帮你呢？从前，德山禅师和几位同参到外地去探访，途中在一处林中歇息，刚好见一个卖凉茶的阿婆，大家口渴，正想讨碗茶喝喝。阿婆说："你等师傅，如果你们能表演神通喝茶，我就把茶水送给你们了。"德山禅师几位你看我，我看你，不知道如何办才好。只见阿婆双手拿起茶杯，就把茶喝下去了，哈哈大笑："这就是神通啊！"几位师傅顿时开悟。原来我们人人本就具足神通，但以妄想、分别、执着的缘故，使我们的神通不能大发。

什么是妄想呢？就是我们上文所说的各种贪欲啊。都是想要啊，求啊，贪啊，欲乐啊。要大房子啊，大车子啊，钞票啊，美色啊，好吃的，好穿的，等等。什么是分别呢？这个东西好、那个东西不好，这个人坏，那个人善，这个女人漂亮，那个女人真丑，这个菜好吃，那个才不好吃，这个人聪明，那个人笨蛋，这是东南，那是西北，这个是，那个非，不都是人的妄心分别吗？什么是执着呢？这个人很有事业心、对工作很执着，我的家庭妻子儿女很好，我很爱他们，这个音乐我很喜欢，这个字画古董我很喜欢，我收集了所有黄梅戏的影碟，我特喜欢吃东坡肉，我特爱玩赛车，我特喜欢旅游，都是执着。这些都是尘埃啊，它们遮蔽你的智慧光明，使得你流浪生死，沉沦六道，受尽苦报，而你还不醒悟！所以，一切随缘就好，我贫穷，我安贫乐道；我富裕，我安于富裕。住大房子，我欢喜，住小茅屋，我不烦恼。有车开，我坐车，没有车，我走路。

有吃的，多吃点，没有吃的，少吃点。无欲无求，不攀缘，不妄想，不分别，不执着。人到无求品自高，不过凡夫你做不到，因为你警惕性不高也不到。

很多人说，如果我无欲无求，连饭都没有得吃，连破房子都没有得住，也没有家人亲情，那做人还有什么意思？不如死了干净！问题是你有欲有求，你求到了吗？你心想事成了吗？或者你求到以后，你快乐了吗？你满足了吗？命中有时终须有，命中无时莫强求。上辈子，你种了福，这辈子该你的还是你的，谁掼也掼不掉。上辈子，你造了恶，这辈子不该你的还是不该你的，你抢了来偷了来，还会一样失去。君子乐得为君子，小人冤枉为小人。这个世界上真有无欲无求无我的人，他们每天所想所作都是为他人的，没有任何私心，你看他们都饿死了吗？都活不下去了吗？天道无亲，常与善人。他们的所思所想与佛道相合，佛会不照顾他们的起居饮食？他们的所作所为与天道相应，天会让他们饿肚子吗？

随众生心，应所知量。什么意思呢？就是众生有多大的心量，他的世界就有多大。我们人看海水是水。那些鱼虾蟹看海水，是可爱的家，天人看海水是琉璃，菩萨看海水是八功德水。我们人呢？你眼睛只看自己一家，你能成就的事业，就是一家的温饱。你的眼睛看的是工作生活周围所有的人，你成就的事业就是一个公司、一个社区、一个小镇、一个群体。你的胸怀在全国人民，全世界人民，你会是总理、主席、议员、人大代表、联合国议员。如果你志在圣贤，先天下之忧而忧，后天下之乐而乐，舍小利成就大事业，舍小家为大家，舍小我成就大我，从孝养自己的父母，到孝养天下人的父母，尽虚空，遍法界，都是你的事业，都是你的化身。如此，你与天比高，与道合一，你才真正找到真我，回复你的本来面目。

当我们找回真我，回复本来面目后，我们自然就智慧大发，神通大发了。比如有他心智通，能看透别人心里的念想；有宿命通，能知世界和众生过去和未来。单单是破了执着的阿罗汉就能观察众生前后五百世的因缘。我们举个例子。黄檗希运禅师是禅宗的大祖师，是六祖惠能的徒孙，唐朝人。黄檗禅师佛法无多子，就是说佛法没有什么神奇的，本来就简简单单，他只是教人莫错用心。禅师能预知未来，并且是千年后的事情，他说的一点也不差。禅师给我们留下了一首诗歌，是中国历史上最著名的七大预言书之一，是这样说的：

日月落时江海闭，青猿相遇判兴亡。八牛运向滇黔尽，二九丹成金谷藏。（明亡）

黑虎当头运尔康，四方戡定静乘裳。唐虞以後无斯盛，五五还兼六六长。（康熙）

有一真人出雍州，鸽原上使人愁。须知深刻非常法，白虎嗟逢岁一周。（雍正）

乾卦占来景运隆，一般六甲祖孙同。外攘初度筹边策，内禅无惭太古风。（乾隆）

赤龙受庆事堪嘉，那怕莲池闻白花。二十五弦弹易尽，龙来龙去不逢蛇。（嘉庆）

白蛇当道漫腾光，宵旰勤劳一世忙。不幸英雄来海上，望洋从此叹洋洋。（道光）

亥豕无讹二卦开，三三两两总堪哀。东南万里红巾扰，西北千群白帽来。（咸丰）

同心佐治运中兴。南北烽烟一扫平。一纪刚周阳一复。寒冰空自惕兢兢。（同治）

光芒闪闪见灾星，统绪旁延信有凭。秦晋一家仍鼎足，黄猿运兀力难胜。（光绪宣统）

用武时当白虎年，四方各自起烽烟。九州又见三分定，七载仍留一线延。（八年抗战）

红鸡啼後鬼生愁，宝位纷争半壁休。幸有金鳌能戴主，旗分八面下秦州。(新中国成立)

中兴事业付麟儿，豕後牛前耀德丁。继统偏安三十六，坐看境外血如糜。

赤鼠时同运不同，中原好景不为功。西方再见南军至，刚到金蛇运已终。

日月推迁似转轮，嗟予出世本无因。老僧从此伏饶舌，後事还须问後人。

禅师预测明朝以后中国的历史，是如此准确，一方面说明禅师修行有真功夫，令一方面更说明佛陀是真语者，是实语者，是不妄语者，是不狂语者。只要我们按照佛陀指引的方法去修行，就一定能够恢复我们本具的智慧光明，就一定能神通大发。

想做到吗？你现在就可以证明给自己看。我们说天人合一，人与万物是共一体的。请问您一口气不来，死掉了，你那尸体跟木头石头一样了，没有情感了，化为灰烬了，你不是成为无情器世间的一小部分吗？你不是与天地合一了吗？你也可以打坐试一试。无论参禅、念佛、持咒，只要做到都摄六根，净念相继，能念所念，能觉所觉，能所双亡，空所空灭，寂灭现前，身心世界融为一体，就会体悟到我与世间万物原来是一体的，这就是禅宗明心见性的时候，也是净土宗"花开见佛悟无生"的境界，这就是成就法身佛了，就是六祖惠能大事在五

65

祖弘忍门下闻达至"应无所住而生其心"悟道时的光景，也正是释迦佛腊月三十夜睹明星悟道的时节，是一模一样的，"何其自性不生不灭，何其自性本来具足，何其自性本来清净，何其自性本不动摇，何其自性能生万法"。

第七章

第七相：转法轮 说法度人，如来出世之大要。人有利钝，则法有渐顿，犹医生应病与药，药能合宜，则无病不愈。故说佛具转五味法轮，或称五时说教：一者华严时；二者鹿苑时，三者方等时，四者般若时，五者法华涅磐时。

太子悟道成佛后，安坐在禅定之乐中，在七日中如此思维："我如今一切漏尽，所作已办，本愿已满，所证得之法甚深难解，唯佛与佛能心心相通。一切众生，生于五浊恶世，贪嗔痴具足，邪见、傲慢、谄媚，遮盖智慧光明，福薄根钝，怎么能理解我所证得之正法。如果我现在去跟他们说法，他们一定不会相信的，反而使得他们诽谤造罪，堕落恶道。我还是默然而入般涅盘吧。"

当时，大梵天王知道佛陀有如此想法，入般涅盘而不转法轮，度众生，心里非常忧虑懊恼，自念言："佛陀过去于无量亿劫，为了我们这些苦难众生，宁愿舍弃王位、家庭妻子，受尽苦难，才成就无上正觉。云何现在默然而不想说法？可怜我们众生长夜沉沦生死苦海，请佛陀您大发慈悲，救救我们这些苦难众生吧。"大梵天因此恳切请求再三，同时帝释和他化自在天，亦同样劝请佛陀，为众生转大法轮。佛陀于是答应了。

佛陀世尊接受大梵王等劝请后，当开甘露法门，以佛眼观众生上中下三根，谁应在先而得闻法。先想阿罗罗迦仙人，曾经发愿先度他们的；然后是迦兰仙人，还有憍陈如等五位修苦行的随从。当时有五百商人，欢喜奉佛，佛陀也接受了他们的供养。接着是四天王天，日月五星，二十八宿，天神鬼王，善根成熟者。现世之中，父母妻子，亲戚眷属，门族之中，皆当度者，一一让其归依佛、归依法、归依僧。当时七日风雨，水中有大龙王，化为年少道人，礼拜世尊，欢喜问候佛陀，愿意受持三皈，所以诸畜生中，龙是最先见佛的。

当时，佛陀决定说法度生，于是先前往鹿野苑度化过去的憍陈如等五位随从。五位随从见到佛陀从远处走来，就相约不要去迎接。但是当佛陀走近时，他们见到佛陀无比的庄严和高贵，都不自觉地去迎接佛陀。佛陀向他们解说自己解脱生死烦恼，证悟大觉的方法。但五位随从怀疑佛陀放弃了修苦行，为什么能宣称自己成为正觉的佛陀呢？于是佛陀跟他们宣说《转法轮经》，度化他们五人为比丘。

一天，波罗奈城的一位富翁的公子，名叫耶舍，来拜见佛陀，请求出家。耶舍的父亲家人，都皈依了佛陀，成为在家居士弟子。耶舍有五十多位青年朋友，也追随佛陀出家。佛陀说，末法之时，佛法在居家居士手中，在家修行更容易成就。从前有法师说，在家修行比出家修行得力二十倍。所以我辈众生，不要妄自菲薄，好好想想佛陀的话，努力居家修法吧。如果能像唐朝的庞蕴居士一样，一家四口，夫妻儿女全部成道，不亦快哉！

当佛陀有了六十位出家阿罗汉弟子后，就派他们外出宣扬佛法。佛陀又到了优楼频罗村，度化了外道迦叶三兄弟，他们共有弟子一千人，都证得了阿罗汉果。佛陀带着弟子们去王舍城，为频婆娑罗王和他的人民说法。频婆娑罗王皈依佛陀后，建筑了竹林精舍供养佛陀。

一天早晨，佛陀见到一位名叫善生的青年，在道路中间向各个方向礼拜，然后播散五谷。佛陀问他为什么这样做？善生说是他父亲临终时吩咐的。佛陀就跟他说："礼拜东方是尊敬父母之意，礼拜南方是尊敬师长，礼拜西方是为抚养妻子儿女，礼拜北方是敬重亲友，礼拜上方是恭敬沙门和圣者。礼拜下方是善待一切众生。"佛陀还为他开示五戒：不杀生、不偷盗、不邪淫、不妄语、不饮酒。劝导他要努力工作，不可贪婪，不要浪费金钱，要利益众生。

在王舍城有一位著名的外道，有两百弟子，其中一位叫舍利弗，一位叫目犍连。一天早晨，舍利弗见到一位托钵的僧人，态度安详庄严，对他充满敬仰，就跟了上去。那僧人对舍利弗说："我跟随佛陀出家，听从佛陀的教诲。佛陀说一切法因缘生。"舍利弗回去后将消息告诉目犍连，两人就前去皈依佛陀，不久证得阿罗汉果，成为佛陀的上首弟子。

一天，一千二百五十位佛陀的常随弟子，从四面八方来到竹林精舍集会，聆听佛陀的教诲。佛陀在大会中教戒弟子们："诸恶莫作，众善奉行，自净其意，是诸佛教。"这次教戒，佛教史上称为"波罗提木叉教戒"。佛教入门，基本的是三皈五戒，还有菩萨戒、具足戒等。所谓守戒，守法为先，开戒持犯，应该明白。我辈根劣福薄，但能不拘泥于戒律，一直修下去，定会火中生红莲，有所成就。

一天，佛陀的父亲净饭王派人来到王舍城，请求佛陀回国说法，佛陀高兴地同意了。佛陀回到迦毗罗卫国，每日早晨依然带着弟子们托钵，净饭王知道后很不高兴，认为有失王室的尊严。佛陀向父亲解释说："托钵是为了方便接近人民，度化众生。"净饭王消除了误解，就让佛陀在王宫中为妃子耶输陀罗和亲族们说法。佛陀的儿子罗睺罗已经七岁了，成为佛陀僧团中的第一位沙弥，佛陀又度化了释迦族中六位王子为比丘。佛陀的姨母摩诃波阇波提夫人，带领宫女们要求出家，开始被佛陀拒绝了，后来她们自行剃度，答应严守戒律，跟随佛陀，佛陀就大开方便，同意她们出家。

在出家弟子中，佛陀的堂弟提婆达多傲慢、嫉妒、有野心，常常破坏僧团。他勾结了频婆娑罗王的太子阿阇世，建议他囚禁父王，夺取王位，使频婆娑罗王在监牢里饿死。提婆达多多次请求佛陀，准许他另立僧团，被断然拒绝。提婆达多和阿阇世王合谋要害死佛陀，派弓箭手射杀佛陀，但弓箭手们反而受到佛陀威德和慈悲的感召，皈依了佛陀。一天，佛陀在山下行走，提婆达多躲在山上，推下一块巨石，想压死佛陀，却没有得逞。提婆达多还放出大象，想踏死佛陀，大象却被佛陀慑服了。作恶多端的提婆达多终于死堕阿鼻地狱。

佛陀说法四十九年，说圆说偏，说顿说渐，无非都是随着众生不同的根基、不同的机缘而方便应病与药。众生需要佛法，同样，佛法也离不开众生。就象药是为治病而设的，离开了病，药则无任何价值了。佛陀完全是为了治疗众生的心病，而应缘说教的，所以每个时期，说的法都不同。这是因为众生的病各不相同，要医好病，医生用的药也不应该相同。所以，佛陀的教化是契机契理之教。佛说法四十九年，共分五时而说。

第一时说法是华严时。犹如太阳初出时，只照高山，就象我们所说的须弥山。这是佛初成道二七日，为大菩萨讲说的大法，说《大方广佛华严经》，转根本无上法轮，度大菩萨。《华严经》是佛称性极谈，小乘根基的人接受不了。所以，教下的大菩萨把第一时说法比喻为生的牛奶。生的牛奶大人能吃，小孩不能吃。因为小孩的消化能力弱，喝了生牛奶要拉肚子。虽然牛奶是宝贵的东西，能滋养人的生命，犹如佛说的法能滋养我们的慧命，但小根性人接受不了，就如小孩喝生牛奶要拉肚子一样。

第二时说法是阿含时。这个时候，太阳可以照射到比较低的山了。佛看到小根性人不能接受大乘法，由是因缘，佛在鹿野苑等处，于十二年中，为小根性人说小乘《阿含经》，讲说四谛、十二因缘等教理，度声闻、缘觉乘人。"阿含"就是我们中国人所说的"无比"，是"无可比拟"的意思，就是说世上一切法再宝贝也比不上佛法。为什么呢？世上任何宝贝只能暂用一时，都是虚幻不实的。而佛法是无上之宝。众生听到、受持后，照它修行，就能超出生死轮回，所以是无上的大宝贝。教下菩萨把它比做"酪"，比喻把生的牛奶酿制成乳酪，小孩就能吃了，吃下去不会拉肚子。

第三时说法是方等时。"方"就是方便、方正、广大，"等"就是平等、均等、等持。意思是说：佛说法不是有实法与人，而是应病与药，是方便的。所以佛说了八万四千法门，法法平等，无有高下。这是佛继阿含时后，于八年中，引小入大，为大乘初门菩萨讲维摩诘等经。这时犹如太阳照到高原了，就象我们中国的青藏高原一样。这时说法，就比酪更进一步了，由酪成酥了，就是西藏人喝的酥油茶之"酥"。但这个酥比量为"生酥"，味道还不太好。

第四时说法是般若时。般若是梵文，是古印度语。它的意思很丰富，我们中国没有能包含"般若"所含广义的词语来代替它，所以用音译。因为佛性是无形无相、无法表达、不可名状的，不能用名来名、无法用相来相。所以般若时说教用二权一实，即两种权巧、一种实法。"权"者，乃善巧方便。两种权巧：一种是随着众生的根基而说义理；一种是要把佛的智慧本怀善巧地、畅所欲言地宣抒出来，就是用众生容易理解的东西来比喻不易理解的东西，而善巧方便地说教。"实"者，是真实说法，说真实佛法，说一乘法，直指我们的佛性、真如实相、诸法空理。华严时属实法，阿含时、方等时属权法，法华涅槃时属实法，只有般若时是权实并用，所以般若时说法有承前启后的作用。又因为般若为佛法之心髓、成佛之指南，佛在一代时教五时说法中，都没有离开般若，故般若法既通前又通后。这个时候犹如太阳高升，广照平原大地。教下比喻为"熟酥"，就是这个"酥"由生转熟了，味道更好了，这是对大菩萨说的。

第五时说法是法华涅槃时。这个时候法运将要圆满，就象日落西山，佛将要圆寂涅槃了。教下比作是"醍醐"。醍醐上味，是奶味中最好最好的。为什么比作是醍醐上味呢？因为佛在最后八年中，说《妙法莲华经》等法，纯实无权，不说别的法，不讲权法，唯有一乘法。佛在法华会上，为说诸法实相之理，会三乘归一佛乘。不管在会人的根性如何，不问他们能否接受，称性极谈，畅宣本怀，说真实佛法。因为佛快要入灭了，没有时间了，只有真实说法，佛法才能圆满。

佛当时指出："一切众生都是佛。"小根性人不相信，不能接受。"哎呀，怎么一切众生都是佛呢？我们小乘圣人不知苦修了多少世，才只是证得个阿罗汉果。众生既未证到菩萨，更未证到佛，怎么会一切众生都是佛呢？"所以不相信。当下就有五千人退席了。法华胜会之后，佛在娑罗双树间，于一昼夜说《大般涅槃经》后，就涅槃圆寂了。

第八章

第八相：入涅磐，佛入拘尸那城，于本生地河边娑罗双树间，令阿难敷座床，使头北首面向西方，如狮子卧。与大比丘众，前后围绕，鬼神以花散地。二月十五日临涅盘时，以佛神力出大音声，普告众生，今日如来应供正遍知，怜悯众生如罗睺罗，为作归依，大觉世尊将欲涅盘，一切众生若有所疑，今悉可问，为最后问。

　　世尊说法度生四十九年，几乎走遍了古印度境内大大小小的国家，都是步行的，从来不用交通工具。佛陀每天早上起来，会到附近的民家托钵，接受施主的供养，不分种族阶级，不分贫富贵贱。有时候，佛陀也接受信众的邀请，到施主家中接受供养。佛陀有时在精舍，有时在树下，为比丘和民众说法，常常鼓励大家精进修学。祇园精舍在舍卫国，由给孤独长者和祇园太子共同兴建，佛陀常常在此说法。有时比丘和民众们对佛法有不明白的地方，佛陀会不厌其烦地反复讲解；就算有人故意来刁难的，佛陀也以慈悲和智慧慑服他们。晚上，佛陀会打坐休息，也会接见各处来的信众。有时在夜晚，国王大臣等来拜见佛陀，佛陀也欢喜跟他们讲法。晚上休息时，佛陀一般是右肋吉祥而卧。

佛陀八十岁了，知道自己游化的时间即将结束，就带着阿难和一群比丘离开王舍城，向北方行去。经过毘舍离城，到了菴摩罗树园，然后到了竹林村。在这里，佛陀生了一次重病，渐渐又痊愈起来。佛陀在一棵树下，审观自己在世的因缘，知道自己三个月后将要涅磐，就把时间告诉阿难。阿难哀求佛陀再多住世间，度化众生。佛陀在大林精舍为比丘们做了最后一次的教诲，勉励大家精进修行，切莫放逸，一定要解脱生死的痛苦。

佛陀在波婆城，接受了金匠之子淳陀的供养，食物之中有一种很难消化的旃檀耳，佛陀食后，又发病了，但继续他的行程，前往拘尸那城。度过尼连禅河，到了拘尸那城外的一处娑罗树林，佛陀觉得很疲倦，不能再向前走了，于是请阿难在两棵大树之间铺设一床，他卧下来休息。

阿难知道佛陀即将灭度，自己走到一旁，不禁悲伤地哭泣起来。佛陀睁开眼睛后，不见了阿难，知道他很悲伤，就请人把阿难找回来。佛陀向比丘们赞叹阿难的种种功德，称他是佛陀最杰出的侍者。佛陀命阿难去拘尸那城，告诉国王和人民，他将于夜间入般涅盘的消息。拘尸那城的国王和人民，知道佛陀即将涅磐，都悲伤地来拜见佛陀。有一位外道，叫须跋陀，也赶来求见佛陀，向他请教问题。佛陀为他说法后，命阿难为他剃度，须跋陀就成了佛陀最后度化的弟子。

临入涅盘之际，佛陀指示弟子们，要"依法不依人，依义不依语，依智不依识，依了义经不依不了义经。"并开示弟子说："如果你们不能依照我的教导而行，即使我活了千万年，于汝何用？如果你们能依教奉行，亦如我永久住世。你们要坚定信仰,皈依法,依法而行,不皈依其他;你们要精进修学圣道,解脱烦恼,住心不乱,这才是我真正的弟子。"佛陀明示弟子不要伤心,因为天地万物有生就会有死,合会必然有别离。

最后,佛陀进入大般涅盘,在五月的月圆日,夜间最后一更。佛陀入灭时,头是对着东北方的,说明佛陀已经预知佛教之兴旺必定在中国。佛陀入涅磐了,但是伟大的佛陀并没有真正离开我们。禅宗六祖惠能圆寂时说"我自知去处"。六祖不明言去处者,实无去处也。以此性如虚空,虚空何有归处?若见有去处,则落实,则着相。落实着相,则生死不了。无去处,则处处可去,处处可去而未尝去。所谓归即无归,无归即归;处处皆归,到处即归也。所以,佛陀实在是没有离开我们。

佛陀灭度后,为了将佛陀的说法保存下来,流传后世,弟子们就开始了佛经的结集。苦行第一的大迦叶是第一发起人。他在佛陀的弟子中挑选了五百人(有说一千人),都是大阿罗汉。大迦叶还不放心,就进入禅定,用天眼观察,结果发现阿难烦恼还没有断尽,就让他出局。阿难羞愧难当,当晚回去加紧修行,半夜进入金刚定,诸漏全尽,兴奋不已,连夜去告诉大迦叶。大迦叶不给他开门,有意考考他说:"你从钥匙孔里进来吧。"阿难真的从钥匙孔钻了进来,这样才参加了经典的结集。多闻第一阿难诵经,持律第一优波离诵律,议论第一富楼那诵论,完成了第一次三藏的大结集。阿难以天才的记忆力,把佛陀在世时所说的各类经典,如数背诵出来,显示了佛弟子的伟大神通。持律第一的优波离是佛陀的理发师,他小心谨慎地为佛陀理发,而渐次进入四禅。大迦叶为什么是头陀苦行第一呢?他以后把衣钵传给阿难,然后到王舍城外的鸡足山打坐六十七亿年,等待弥勒菩萨从兜率内院下降成佛，再协助他传教弘法；打坐六十七亿年，这真是不可思议的苦行啊。

佛经的第一次结集是佛陀灭度九十天后，在王舍城外的七叶岩窟里进行的，历时七个月。一百年后，进行了第二次结集；这个时期，佛弟子中已经出现分歧，西方长老成立"上座部"，就是以后的小乘佛教，东方长老成立"大众部"，以后发展成为大乘佛教，早期佛教正式分裂。第三次集结是在孔雀王朝的阿育王（前269-前236）时期；这个时期，佛教得到空前发展，领导集结的国师帝须派遣十几位上座，分为九路，向周边国家传教。其中以克什米尔、白沙瓦为中心，向大月氏、康居、大夏、安息（阿富汗）和中国的于阗（新疆）、龟兹（库车）传播的一路，称为北传佛教。

东汉末年，许多印度和西域僧人来到中国，以洛阳为中心，翻译了很多佛经。其中最著名的是安息国太子安世高。安世高可以说是佛经汉译的创始人，他首先译介了小乘佛教之禅数经典，内容为戒定慧中的定慧两学。禅，是指定；数，是指慧；禅是修行的部分，数是理论的部分。其中很有名的一部是《十二因缘经》。安世高是太子，但继承王位一年之后，就把王位让给了叔叔，出家为僧；游化中土，后来到了洛阳。译经活动结束后，为了躲避祸乱，安世高离开洛阳，到南方各地游历。由于他通神术，在中国留下很多神奇故事。在江西，安世高要超度一位过去的同学，在寺庙遇到一条蟒蛇，这蟒蛇原来是他的旧同学，因生性嗔怒，遭报为蛇。安世高将它超度，脱蛇身，化为少年。在广州，据说安世高被一少年（前世冤孽）所杀，死而复生。

三国时，曹操统治的北方就已经有佛塔佛寺。这个时期有一位叫朱士行的僧人，是西行求法的第一位汉人，他在西域的于阗，就是新疆的和田，搞了二十多年翻译，客死他乡。还有一位支谦，在吴国被孙权拜为博士。他通六国文字，又通音乐，把佛经谱曲，管弦演奏，大受欢迎。

两晋时代，佛教传播有三大门户：一是丝绸之路的必经之地凉州；二是首都长安；三是庐山。西晋东晋，后来流行汉地的主要佛典基本译完。这个时期，因为有皇家办的国家译场，设在长安，比较阔气，西来的翻译家鸠摩罗什在此大译经典。鸠摩罗什对自己所译的经典很有信心，临终时说："如果我所译的经典没有错误，在我焚身之后，就让这个舌头不要坏掉！"结果真的，他有三寸不烂之舌，完好无损。在庐山，土生土长的慧远大师也神气十足，儒佛会通，门下英才辈出，开辟中国净土一门。

佛法如药，当机为上；方便多门，归元无二，无非是启发众生，破迷开悟，离苦得乐。在佛法极盛的唐宋时代，我国佛法有十大宗。后来因时节因缘之不同，社会风俗之变迁，人民生活之艰辛，佛法渐渐衰颓，现仅存禅、净、密三大宗。在此三大宗中，修证最迅速、便捷者莫过于禅宗。但末法时代众生根器陋劣，障重慧浅，直指其见性既不投契，即或有点解悟，但未深信，站不稳脚跟，又不能在事上磨练、保任、除习成道。至于参话头，则疑情不起，妄想割不断，根尘不易脱落，能所更不能双亡，何能明心见性！因而宗下后继乏人，大有消亡断绝之势，良可悲也！密宗，我国原有之唐密，因后来历代帝王之恐惧、反对，至明朝朱元璋时灭尽。现行之密宗，除西藏之密法外，还有日本之东密。此三宗在现阶段说来，最适合国人修持者莫过于净土宗。净土宗只要一心专念弥陀圣号，别的什么也不用修，真是最适合国人之契理契机之教。一句圣号看来简单，含义实在深广。它是在切近处下手——在心中密密提持一句圣号,令人在不知不觉中将凡心转成圣心,犹如人的头发与指甲不见其长而自然长出来一样。一切众生,皆本具如来智慧德相。念佛成佛,只要深信切愿,一心念佛,凭着佛力加被,阿弥陀佛的慈悲接引,一句万德洪名,与你作为依持,因持名故,弥陀因心之庄严与果地之智光加被与你;临命终时,因感应道交故,佛现心中,又有西方极乐世界作为依止,必生西方净土。

佛法修证,先正因地。修行正义,念佛打坐,只是助修;下座后,行住坐卧,一切人事,种种行为,方是正修。故知修行是修于行,在平日起用,处处观照,时时觉察,方是第一重要事业。修是复义,即回到本来面目。一切众生本来是佛,修重在悟,不是真有个佛可修。修行法门,有修以开悟、悟后起修二门。修以开悟者,悟此心地,认识本来,先破无明也。悟后起修者,明心见性后,起般若妙用,扫荡习气也。但必悟后起修,方为正修,方得实用。

佛经云:一切法从心想生;又云:心佛众生,三无差别。忆佛念佛,现前当来,必定见佛。就这一句"南无阿弥陀佛",六字洪名,不怀疑、不夹杂、不间断,一直地念下去,念到心空佛亦无。一念相应一念佛,念念相应念念佛;念兹在兹,不假方便,自得心开。花开见佛悟无生,九品咸令登彼岸。阿弥陀佛!

佛陀一生的启示终

2010年春天于澳大利亚

后 记

万法因缘生。今天，亲爱的读者能读到本书，这是百千万劫所结之善缘。所谓佛不度无缘之人。其实，佛并不度人，是人自度。读者过去曾种善因，今天收获善果，便是度了自己。不要心外求法，而要反观自心，则佛在汝边矣。佛是何意？佛者，觉也，明白人。学佛为做个明白人，如此而已。不要想远了，更不要想玄了。是心是佛，是心作佛。三世诸佛皆如是说。此文句显浅，义却甚深。如何通达？这正是末学编写本系列书籍的因缘。

本系列书籍分三个层次，但不一定必须依此次序阅读。第一个层次是启机篇。启是启发，机是不同根性的大众、不同层次的读者。启大众之机，是为引导初学，开发读者的信心、决心和勇猛心，使与正知正见相契合。我中华民族有儒佛道的基础，有孝悌忠信为立身之本，有勤勉谦让的美德，故机缘容易启发。然世风日下、道德沦丧，正法多少已经湮灭。末学为随顺末法众生而分别说《论语广义》、《道德经释义》、《佛陀一生的启示》和《健康从心开始》四本小书，旨意在将大众本有的般若智慧启发出来,帮助广大读者确立正确的世界观和人生观,建立健全的人格。

启发了读者的般若智慧后,如何引导有缘人修行正法而有所成就呢?这就是第二个层次的内容:知行合一。为此,末学将《大藏经》中最深奥的两部大经找出来,分别用贤首宗的十门开启讲解《楞严经》曰《楞严摸象记》,用天台宗的五重玄义注释《楞伽经》曰《楞伽经浅释》。读者若能细读并明白了这两本书的道理,则佛教三藏十二部之万卷经典必了然分明了。要特别说明的是,这一个层次不仅仅是让读者读书的,更重要的是实践。这是实践篇。如果没有实践的修学,那必然是空中楼阁,是绝不能随入甚深佛理的。

第三个层次是应用篇。应者,是日常应人接物;用者,是神通妙用。即通达三藏佛理,并通过自身修法实践,证果证道,能起种种妙用了。"郁郁黄花无非般若,青青翠竹尽是法身"。神通妙用处处有。成佛不难,唯是观心。儒家说,人人皆当为尧舜;佛家说,人人本具如来智慧德相。转凡成圣难吗?唐朝庞蕴居士说:"难、难、难,十担麻油树上摊。"庞太太说:"易、易、易,百草头上西来意。"他们的女儿灵照说,"也不易,也不难,饥来吃饭困来眠。"饥来吃饭困来眠,这就是神通妙用啊!佛法三藏十二部,浩瀚无边。何处有纲目?世法又如何详尽之?于此,分别说《心经的力量》、《金刚经演义》、《六祖坛经述旨疏钞》、《圆觉境界的修证》和《西方极乐世界的味道-浅释阿弥陀经》等。这是活用篇。旨在将诸佛甚深经典,用通俗的现代话语解刨出来,让人启迪,让人得真实受用,潇潇洒洒人间走一回。不正是诸佛菩萨的本愿吗?当然也是佛子的本愿。末学承佛恩典,为上报四重恩,下济三途苦,自觉觉他,不为自身谋安乐,但愿众生得离苦,不亦善哉乎!

末学无学,但启机之钟鼓震耳欲聋;末学无知,但般若之智人人本具;末学无用,但无用之用,才是妙用。此为后记。与学人共勉!

阿弥陀佛!